おとなに
なった
今だからこそ！

現代用語の基礎知識・編

おとなの楽習

23

経済学のおさらい

自由国民社

装画・ささめやゆき

はじめに

経済学を勉強していて、「これはいったい、なんの役に立つんだろう」と思ってしまう人は少なくないようです。数式と図解のパズルのようなものが次々に出てきて、文科系人間（つまり数学ぎらい）にとっては、なかなかつらいものがあります。

経済学のなかでもマクロ経済学と呼ばれるものは、「経済学は役に立たない！」という世間の批判にこたえて登場してきただけあって、景気をコントロールする国の仕事にちゃんと役だっているようではあります（なかなか日本の景気が上向かず、その効能に疑問符をつけられはしますが）。それにしても、経済学が役に立つかどうかは、本当にそういう現実的な効き目からしかはかれないのでしょうか。

立ち止まって回りを見渡してみましょう。日々の暮らしや仕事のなかで、人々のいる光景が流れていくだけのようです。ただ雑然としているだけのその光景の底に、実は人間の営みをまとめてつかさどる大きな力が働いていることを発見したのが経済学という学問です。

経済学は、目には見えないその力の存在とはたらきかたを、目に見えるものとして描き出してくれました。少しがまんして数式と論理になじめれば、私たちは社会の床板をめくってその奥底にあるしくみ——人間の社会を本当に動かしているシステムというものをのぞきこむことができます。

混沌としていずれ壊れていくだけのようにも思える人間の社会のなかに、それを調和と均衡に向かわせる力がたしかにある、という確信を持てることは、私たちが日々を生きるとき、深いところからの支えになってくれるはずです。経済学は、もともとそういう確信と、そこに至るための論理的な思考法を身につけるためのものなのです。

著者

経済学のおさらい

・も・く・じ・

【はじめに】……5

第1章 「経済学」とは、どういうもの？

そもそも「経済」ってなに？……12

＊最後は経済学＝エコノミクスになった ……15

「希少性」があるから経済学がある ……16

＊お金で買うものは「財」か「サービス」……20

「トレード・オフ」が経済学の出発点 ……21

「トレード・オフ」を具体例でみてみよう ……23

経済学は幸せの量をはかれるのか ……28

かかった費用は「機会費用」を足して出す ……32

甲子園の星の進学費用は1億？……36

第2章「上手な買い物」の研究

「限界効用」が極めつけのキーワード ……40

＊食べすぎたときの限界効用はどうなる？ ……46

限界効用理論は微分法で理解 ……47

予算線が欲望の境界ライン …消費の「最適化」① ……57

無差別曲線のさまざまな性質

…消費の「最適化」② ……59

最適ポイントは「接点」にある

…消費の「最適化」③ ……70

「上手な買い物の基本定理」とは

…消費の「最適化」④ ……72

「基本定理」は実生活の役に立つ？ ……83

「効用」は3Dで表される ……86

第3章 すばらしい「市場」のはたらき

市場とはどういうもの？ ……88

＊市場はいったいどこにあるのか ……93

「経済主体」が目的別に市場にアクセス ……94

＊市場には金融市場、労働市場というものもある ……98

＊「東京市場」は東京にない？ ……100

市場はどうして「失敗」するのか ……101

「市場の失敗」3つの場合 ……103

・自然独占

・外部性

・情報の非対称性

第4章 経済学の誕生、そしてその後……

アダム・スミスが「経済学」を生んだ ……110

「限界革命」で「新古典派」が生まれた ……115
マルクスによる異議申立て ……119
経済学をひっくり返した「ケインズ革命」……122
ケインズが「マクロ経済学」を生んだ ……126
「マクロ経済学」と「ミクロ経済学」の違いは？ ……129
国民所得は「付加価値」の合計 ……131
＊ GDPとGNPの違いは？ ……137
ケインズ経済学は失業解消理論 ……138
景気は「有効需要」の大きさしだい ……142
「乗数」の効き目のほどは？ ……151
＊「流動性選好」が失業につながる ……153
古典派からの反論 ……154
「反ケインズ革命」のてんまつは？ ……156

第1章

「経済学」とは、どういうもの？

そもそも「経済」ってなに？

◎なんとなくなら誰でもわかるが…

「経済」という言葉は、普通に暮らしていてもよく聞こえてくる言葉です。「日本の経済は先行きが暗い」とか、「経済優先の手法が行き詰まった」とか、このごろあまりいい意味で使われないようですが、「途上国の経済は引き続き好調を維持」などと、ほめられている「経済」もあります。

「経済」の意味は、なんとなくなら誰でもわかっています。要するに景気のよしあしのことだろうとか、商売してお金もうけをしているようすを指すんだとか……。イメージはいろいろで、別にまちがっていませんし、少々まちがっていたって問題は生じません。

ただ、「経済」のことを研究する「経済学」というものがあって、「学」となると「なんとなく」ですましているわけにもいきません。「経済」とはいったいどういうものなのか、自分なりにでも意味をはっきりさせておく必要が出てきます。自分なりに、というのは、いろんな人がいろんな言い方で「経済」の意味を説明しているので、これで決まり！…という言い方を選ぶのもなかなか難しそうだからです。

それで、まずはこの日本で「経済」という言葉が出てきたいきさつから調べてみることにします。

◎エコノミーと「経世済民」

「経済」という言葉は、「経世済民」という中国の古い４文字熟語の略です（古典文書の中でも「経済」と、２文字に略して使われてもいます）。そこでの「経」は「治める」、「済」は「救う」（救済の「済」）の意味です。あわせて「世を治め、民を救う」ということで、皇帝などが国を上手に支配する様子や手段をさして使った言葉でした。

この「経済」という言葉を、日本では、幕末のころヨーロッパから持ちこまれた「エコノミー」（Economy）というものの訳語にあてたのです。

エコノミーというと旅客機のエコノミークラスを思い浮かべる人も多いでしょうが、もともとヨーロッパ発のEconomyは、まさしくエコノミークラスのEconomyでした。つまり、安くあげる、節約するという意味であって、家庭内のやりくり術（家政学）を指していたのです。

そのEconomyが、18世紀以降、アダム・スミスをはじめとする理論家たちによって、国全体のレベルで商品の動きやお金の流れを追いかける体系立った学問へと発展していきました。国民ぜんぶが参加する市場という大舞台で、商品の生産や消費がどのようにおこなわれ、お金はどのような役割をはたし、消費者の需要と生産者の供給がどのようにバランス（均衡）するかを分析するのです。

そういった社会的な規模で物やお金を扱うものは、Economyのうちでも Political Economy（政治経済学）と、特別の名前で呼ばれはじめました。小さな家政のEconomyが発展し、大きなPolitical Economyになったのです。

◎経済学は社会全体のやりくりを調べる

漢語の「経世済民」、略して「経済」の方は、お金や物資の流通・配分にかぎらず政治のあり方や行政面も含んだ統治の理想をいうニュアンスが濃いものですが、Political Economyであれば、社会全体に目を向け、その中での物資やお金の動きを調べるのですから、「経済」を訳としてあててもおかしくないでしょう。

そうすると、「経済」というのは、社会全体として、物資やお金のやりくりをうまくやっているようす、あるいはうまくやるための方法、という意味になります。

人々が商品を生産したり消費したりするとき、できるだけ利益や満足（**効用**）を多くするためにやりくり（効率化や配分の最適化）をします。それをしている社会全体の姿が「経済」で、そのやりくりのしくみや効果について研究するのが「経済学」ということです（なお、そのやりくりは、人間が余計なことをせず、神様の「見えざる手」にまかせた方がうまくいく、というのが経済学の主流になっている考え方です）。

★最後は経済学＝エコノミクスになった★

ちなみに、小さな家政を対象とする旧来のEconomyには、日本語の訳として「理財」という言葉をあてることも多かったといいます。しかし、そのうち「経済」という言葉の方が勢いを増し、小も大もあわせて「経済」と呼ぶ結末となったのでした。

その後、本家本元のPolitical Economyの方が、Economics（エコノミクス）と呼び変えられることになりました（マーシャルという19世紀末から20世紀にかけて活躍したイギリスの経済学者がそうしたのだそうです）。そういうわけで、Economics＝経済学という翻訳が、いまでも通用しています。

「希少性」があるから経済学がある

◎お金がなければなにもできない

社会全体としてのやりくりのしかたが「経済」だといいましたが、そもそもやりくりをしなければならないのは、商品を消費したり、生産したりすることが、誰でも好き放題にはできないからです。

ほしいと思うもの（たとえばおいしそうなケーキ）を買う（消費する）と決めたとすると、当然ながら代金として払うお金が必要です。お金がなければ、ケーキを手に入れることはできません。

あるいは、逆の立場で、ケーキを作って売るとします。そうすると、まず小麦粉や卵や砂糖（原材料）をそろえなければなりません。溶いたり練ったり焼いたりする道具もいります。さらに、作ったケーキを売るためのお店（土地の権利や建物）がなければいけないでしょうし、自分１人でできなければ、助けてくれる人（労働力）を雇う必要もあります。これらのものを手に入れるには、やはりお金が必要です。

◎「希少性」があるから値段がつく

私たちの社会で、取引きによって商品を手に入れるためにはお金という対価（**費用**）が必要です（タダでもらえることもな

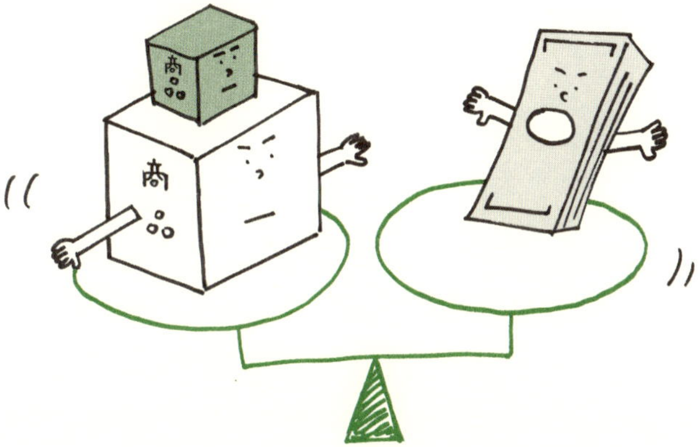

いではありませんが、無視できるほどレアケースです）。対価＝費用は、いまではほとんどすべてお金（**貨幣**《かへい》）で払うことになっています。

手に入れるのに費用が必要になるのは、商品に「**希少性**《きしょうせい》」があるからです。希少性があるとは、ほしい人が自分以外にもいて、みんなには行き渡らない、という意味です。お金を払うという痛み（費用＝コスト）を負担することで、競争相手より優位に立たないと、その商品を手に入れられないのです。

◎商品とは希少性があるもののこと

このことを逆にいうと、希少性があって、お金を払わないと手に入れられないものであることが商品であるための資格、ということになります。

ケーキがそこらじゅうに無尽蔵に置いてあって好き放題に食べられるという、スイーツ好きの天国（現実には存在しない夢の国）であれば、ケーキというものに希少性はなく、商品になりません（そういうものを**自由財**と呼びます。たとえば一般に地上の空気は自由財ですが、富士山頂の空気は缶詰になって値段がついていたりしますので、空気＝自由財と決めつけるわけにもいきません）。

ある商品をほしい人が多く、しかもほしいという思いが強く、反対にその商品の数が少ないと、競争は激しくなります。手に入れるためのお金＝コストをたくさん負担しなければ、競争相手より優位に立つことができません。

競争相手が勝負からおりず競り合ってくるかぎり、入手コストはどんどん大きくなっていきます。その商品の値段がどんどん高くなっていくのです。相手がおりたところで、その商品の値段が決まります（これは競り売りの方法ですが、店で定価で売る場合は、あらかじめ店の側で、ほどよい人数が勝ち残ってくるだろうと予想した値段をつけています）。

◎ダイヤモンドより高いケーキもある

一般的には、ケーキよりダイヤモンドの方が、ほしがる人の数が多く、その思いも強く、そのわりにモノの数が少ないので、入手競争でライバルを打ち負かすのにたくさんのお金がいり

ます。ただし、いつでもどこでもそうではなくて、荒野で飢え死にしかけているときは、銀座の宝石店で100カラットのダイヤモンドを買うより高いお金を、ケーキ１個に払う人が多いでしょう（助かったあとのあと払いになって、踏み倒し事件が続発しそうではありますが…）。

これは、そういう状況下では、ケーキ１個にも100カラットのダイヤモンドに負けない希少性が認められるからです

なお、荒野で自分以外にはそのケーキをほしがっている競合者がおらず、相手はケーキの売り手のみとしても、売り手は「売らない」という選択ができますから、売り手自身が買い取り合戦の対戦相手になっているわけです。

★お金で買うものは「財」か「サービス」★

商品には、たとえばケーキのように物理的なかたちのあるモノのほか、かたちのないサービス（漢字で書けば「役務《えきむ》」）も含まれます。

サービスというのは、まさにいろいろです。英会話のコーチ、美容院のヘアカット、ホテル・旅館の宿泊営業、銀行や証券会社の取り扱い業務、医師や看護師の治療、工務店の建築工事、興信所の探偵調査、映画上映やタレントのコンサート……思いつくだけでも山ほどあります。これらはすべて、お金を払って手に入れる「商品」なのです。

なお、商品は、形のあるモノと形のないサービスにわかれるわけですが、かたちのあるモノの方を経済学では「財」というふうに呼んでいます（財産の「財」です）。

つまり、商品＝財＋サービスということになります。

財といえば、通常は希少性があって入手にお金のいるものです。しかし、とくにマイナスの価値をもつものを財として取り上げ（たとえばゴミ、産業廃棄物、放射能の汚染物）、その経済的な意味づけや、処理コストが社会に与える影響などを研究しています。マイナスの財は、入手ではなく廃棄にお金がかかるのです。

「トレード・オフ」が経済学の出発点

◎消費者は選択を迫られる

商品を買う、買わないを決めるのは、**選択**をするということです。選択をしなければならないのは、その商品に希少性があり、値段がついているからです。ほしいものがそこら中に転がっているなら、買う、買わないを選択するはめにはなりません。好き放題にもっていけばいいだけです。

商品の値段（**価格**）をみて、自分の払えるお金（**予算**）を調べて、それを買ったらどのくらい自分が満足するかを考えて、払うお金（**コスト**）より自分の満足（「**効用**」という言葉を使うのが経済学流）が大きいと思うなら、そのコストの痛みに耐えてでも、ほしいと思った商品を買います。

◎トレード・オフは「２者択一」

さて、この買う・買わないの選択につきまとうのが、**トレード・オフ**の問題です。

トレード・オフとは、こちらを選んだらあちらはあきらめるしかない、という２者択一の関係をいいます（２つに限らず、３つのうち１つ、４つのうち…ということもありますが、ややこしくなるので、経済学のモデルでは、まず２者択一の場合をとりあげます）。

◎資源の有限性がトレード・オフを生む

トレード・オフが生じてしまうのは、ひとえに**資源**が有限だからです。いま「資源」といいましたが、別に石油や鉄鉱石の話ではありません。

というか、もちろんそういうものも含みますが、経済学で「資源」というと、たとえばさっき例にあげたケーキなどの商品（スイーツ天国にある以外）がそうですし、そのケーキをつくる小麦や卵などの原材料、ケーキづくりの器具やオーブンなどの生産設備、販売用の店舗（これも生産設備のうち）、雇い入れた店員（**労働力**）、あるいはそれらを入手するためのお金（**貨幣**）そのものも「資源」のうちに含めます。

そして、これも普通と違うことですが、経済学では、**時間**すらも「資源」のなかに入れて考えるのです。時間も有限で、たいへん貴重なものだからです。

それらのものは、どれも好き放題に手に入れることはできません。そうなると、どれかを選ぶとどれかをあきらめなければならない、ということが必ず生じてきます。

そういうとき、どういう選び方をすれば、いちばんトクな選び方になるかを追求するのが、経済学という学問なのです（あとでもう少しくわしくふれますが、そういうある意味みみっちい（?）ことを考える経済学のジャンルをミクロ経済学といいます）。

トレード・オフの問題こそが経済学の出発点です。

トレード・オフを具体例でみてみよう

◎ケーキのほかにビールもほしいとき

言葉だけで進んでも話が見えなくなるので、経済学がトレード・オフの問題をどういうふうに考えているか、具体的な例でみてみましょう。

たとえば、ある人がケーキを買う場合を考えてみます（またケーキか…と思った方は、なにかご自分が好きなものに置きかえてもらってもけっこうです）。お店にそのケーキが無尽蔵にはない（スイーツ天国ではない）という意味で「資源」が限られるということもありますが、それより買う人の財布の中にお金（これも「資源」）が無尽蔵にはありません。

ケーキ１個が400円するのに、財布の中に2000円しかなかったとすると（貯金をおろせばもっとあるかもしれませんが、このさい無視して、使えるお金は2000円だけとします）、その人はケーキを最大５個しか買うことができません。

これはケーキという商品の希少性をよく表しています（お金という「資源」の希少性も）。しかし、これだけではトレード・オフの話になりません。この人は、ケーキのほかに、なんと缶ビールもほしがっています。缶ビールの値段はというと、１缶200円です。

この人は2000円の手持ち金（予算）の範囲内でしか、ケーキも缶ビールも買うことはできません。缶ビールを買うぶんだけ、買えるケーキの数は減ります。ケーキがたくさんほしいなら、缶ビールは我慢しなければなりません。こういう問題が、まさしくトレード・オフです。

それにしても、ケーキを食べながら缶ビールを飲んでもおいしくないでしょうが、好みは人それぞれなのでしかたないですね（まあ、別々に楽しむつもりかもしれませんし……）。

◎「効用」は自分の中で大きさを比べられるだけ

この「好みは人それぞれ」というのは意外と大事な話で、経済学では（というか、経済学でなくてもたいていそうでしょうが）、人が商品を手に入れて受け取る満足（効用）は、数値ではかれる（つまり他人と大きさをくらべられる）ものではない、と考えます。はかれる、とする考え方もあるのですが、主流派とはいえません。

それではどう考えるのかというと、効用（これからは受け取る満足のことを経済学流に「効用」と書きます）は、数値ではかれるものではないが、同じ人にとってどちらが大きいかはわかる、と考えます。たとえば、同じ人であればケーキを食べたときの効用と、ビールを飲んだときの効用のどちらが大きいかはわかるわけです。そういう効用を「**序数的効用《じょすうてきこうよう》**」と呼びます。

これに対して、大きさを数値ではかれる効用もあるにはあります。「**基数的効用《きすうてきこうよう》**」です。たとえば、ある人がケーキを１個

▷基数的効用

⇒大きさを数値化でき、他人と比較できる

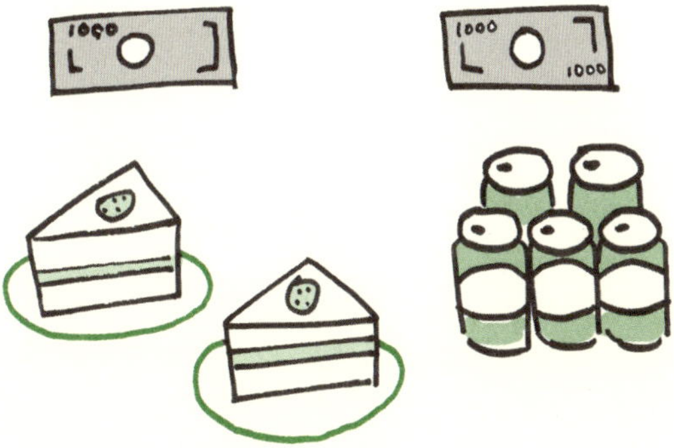

▷序数的効用

⇒大きさを数値化できず、自分の中での大きい順だけわかる

食べたときの効用は30、ビールをコップ１杯飲んだときの効用は24…などと、効用の量を数字で表せるものと考えます。そして、別の人がケーキ１個食べたときの効用は46だから、元の人がケーキ１個食べて得た効用より16ほど大きい、というふうに別の人間どうし比較できることにもなります。

しかし、これは多くの人が非現実的だと思うのではないでしょうか。序数的効用の方は、あくまで同じ人の中でどちらが効用が大きいかをいえるだけであって、別々の人が同じケーキを食べたとき、どちらの効用がどれだけ大きいかなどということはわかりません。

◎仕事（賃金）と余暇のトレード・オフもある

トレード・オフは、ケーキと缶ビールのようなモノどうしのあいだでばかり起きるわけではありません。たとえば、アルバイトで生活費を稼いでいる人が、仕事（**労働**）に使う時間と、プライベート（**余《よ》暇《か》**）に使う時間とをどう振り分けるかをめぐっても起きることです。

使える時間は１日24時間と限られています。そして、ある程度はお金を稼がなければ生きていけませんので、１日のうちの何時間かを仕事につかいます。そして、残った時間を余暇とするわけですが（もちろん睡眠も必要）、この時間配分をどういうふうにすれば、足しあわせた２つの効用（受け取る賃金と余暇の楽しみ）が最大になるかが問題になるわけです。

★失業率とインフレとのトレード・オフ★

失業問題に関する研究のなかから、失業率と物価上昇率（インフレ率）との間にトレード・オフの関係がみられる、という見かたが生まれました。失業率が高いときはインフレ率は低く、失業率が低くなればインフレ率が高まる（しかも失業率があるレベルまで低下すると急にインフレが加速する）ということです。その関係を表す曲線が「フィリップス曲線」です。

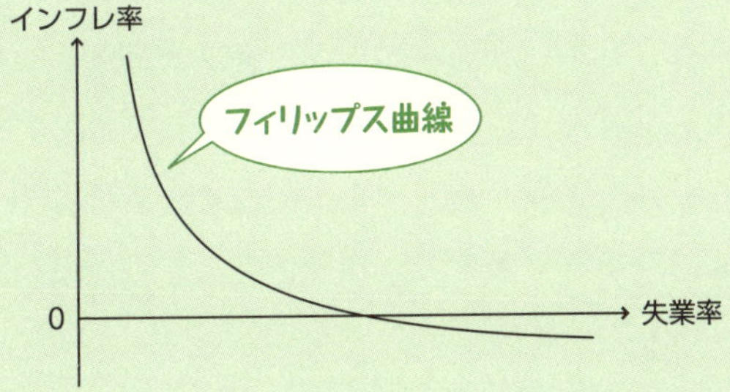

もともとはフィリップスという経済学者が失業率と賃金上昇率の関係として発表したものですが、そののち、政府が景気対策で公共投資を行なっても長期的にはインフレ率が上がるだけで失業率を下げる効果はないのでは、という議論の道具として使われました。そのさい縦軸を賃金上昇率からインフレ率に置きかえたのです。

経済学は幸せの量をはかれるのか

◎人間は自分の満足だけを追求する存在？

経済を動かす主役はもちろん人間であるわけですが、経済学では、この人間について、あらかじめ次のような仮定をおいています。すなわち、人間というものは、とにかく自分の満足だけを考えて行動する存在で、その目的実現の妨げになることはいっさいしない。ひたすら自分の満足（効用）を最大化することにまっしぐらなやつだ——という仮定です。

こういう存在を、経済学の言葉で**合理的経済人**（**ホモ・エコノミクス**）と呼んでいます。合理的というのは、獲得する効用ができるだけ大きく、それを手にいれるための費用（コスト）ができるだけ小さくなるような選択を、どんな場合であってもする、ということです。

◎合理性の仮定はモデル化のため

そう聞くと、なんだかとんでもなく身勝手な、お金もうけしか頭にない人間の像が浮かんできます。あ、そんな人知ってる……と誰かを思い浮かべた人もいるかもしれません。

しかし、経済学者は、人間が本当にみんな冷たい合理性の固まりだと思って、そんな仮定を置いているわけではありません。そういう極端な仮定を置いて、みんながいっせいに同じ行動を

とることにしないと、モデル化して理論をかためられないからそうしているだけなのです。

◎お金もうけは相手にもトクをさせてこそ

それに、人間が自分の効用のことだけ考え、他人のことはどうでもいいと思っていても、そのために他人が迷惑して効用が減ってしまうとは必ずしもいえません。

むしろ、取引きによるお金もうけは、本来、相手にとってもメリットがあり、効用を得られるものだからなりたっているはずなのです（それが自由な市場主義社会を成り立たせる大前提です）。お金もうけというと、相手をだましたり出し抜いたりする悪徳な取引きを連想してしまいがちだとすれば、よくない傾向です。株式市場で株を売り抜けるような種類のお金もうけは、悪徳ではなくても、誰かが得をすれば必ず誰かが損をする

「ゼロサム取引き」なので、その手の大もうけばかりがはやし立てられると、世の中の感じ方がゆがんでしまいます。

◎「いい効用」も「悪い効用」もない

そもそも人間の獲得する効用は、お金によってばかり得られるものではありません。人はお金ばかりでなく、ほかのいろいろなものからも効用を受けとります。そんなことは百も承知と言われそうですが、ここで大事なことは、お金以外のものから受けとる効用をお金に換算したらいくら、とはかることはできない、ということです。

経済学では、人の受けとる効用を、基本的に「序数的効用」と考えています。前にも書きましたが、これは効用が量的にいくらあるとはかれるものではなく、お金という共通の尺度でいくらと値づけできるものでもないということです。したがって同じものから受けとる効用の大小をほかの人とは比べられません。いくつかの効用を同じ人が得たときに、その人の中で大きさの順番をつけられるだけです。

効用には、どういう効用ならいい効用で、どういう効用は悪い効用だ、ということもありません。極端な話、悪事をはたらいて得た効用も、その人が満足を感じているなら、りっぱな（というのもヘンですが）効用です。

ある人はお金をもうけることで大いなる効用を得られるとしても、別の人はあくせくお金をもうけるより、のんびりくつろいで過ごせることの方に大いなる効用を感ずる、ということもあるでしょう。

注意すべきなのは、その感じ方のどちらがよくて、どちらがよくないということは、少なくとも経済学の世界ではいっさいない、ということなのです。効用はその人だけのもので、大きさも、質も、他人とはくらべられないと経済学では考えます。

◎「合理的」とはお金に限らず効用を最大にすること

合理的人間というときの「合理的」とは、お金のもうかることだけを懸命にやるという意味ではありません。その人なりの効用（のんびりできる安らぎとか、ボランティアで他人から感謝される喜びとか、アマスポーツで勝利する感動とか、お金にならないことでもよし）を最高の効率で得られるように、いっさい無駄のない行動をする、ということです。そのために、自分が自由にできる希少な資源――時間やお金（使う方の）をどう振り分けたらいいかを、抜かりなく考えて決めるのです。

効用を「幸せ」という言葉で置きかえてみれば、幸せの内容はまさにその人独自のもので、大きさや質は他人とくらべられない、ただその人の中で自分なりに大きくできるだけのものなんだ――というのが、経済学が置いた前提です。「合理的経済人」とは、自分なりの幸せをできるだけ大きくしようとする人です。そう聞くと、人間について経済学が置いた前提は案外まともなものに思えるのですが、どうでしょうか。

かかった費用は「機会費用」を足して出す

◎経済学で費用といえば払った額に限らない

商品を自分のものにして効用を得るためには、その対価を支払わなければなりません。あるいは、希少性のある資源を利用して事業をする場合、得られたもうけ（**利潤**《りじゅん》）は収入から資源（原材料、生産設備、労働力）の利用にかかった費用を差し引いたものとなります。たとえば前者はケーキ屋でケーキを買ってお金（対価＝費用）を払う場合で、後者はケーキ屋を経営し、ケーキを売って利潤をかせぐ場合です。

経済学では、それぞれの場合にかかる「費用」について、ふだん私たちが考える方法とは違った考え方をしています。どういうことかというと、あることを選択し、そのために費やしたお金だけが「費用」になるのではなく、それとは別の選択をしていれば得られたはずの金額＝「**機会費用**」も足し合わせて、トータルの「費用」とするのです（もしもあきらめた選択肢が多いのなら、いちばん大きい金額を得られたはずのものをより分け、その額を加えます）。

◎選択によって失った利益も費用に計上

たとえば、ケーキを買う場合に、お金が手元になく、持っていた株を売って代金を払ったとします（ケーキを買うくらいで大げさな、と思うでしょうが、パーティ用に1000個必要なので40万円かかるような場合を想像してください)。

ところが、その株がすぐあと10万円ほど値上がりしたとしたらどうでしょう。そのケーキを買うのにかかった費用は、直接の代金40万円のほかに、機会費用＝ケーキを買うため株を売るようなことをしなければ得られていたはずの利益10万円を足して、50万円になる、とするのが、経済学の費用計算の方法なのです（もっとも、株はまた値下がりするかもしれませんので、これはその人が株の値が上がったらすぐに売って利益を確定させようと思っていた場合の話です)。

商品自体の代金 ＋ 機会費用 ＝ 経済学で考える費用総額

◎預金をおろせば将来の利息分が費用になる

こんな例もあります。ケーキ屋を始めるために1000万円の預金をおろしてつかったとします。銀行からお金を借りれば利息を取られるけれど、自己資金だから安くあがった……ということには、経済学上はなりません。

どうしてかというと、預金をおろしたために失うことになった利息（自分のためにつく方の利息です）を、機会費用として計上しなければならないからです。

もしかして預金よりも利幅の大きい投資先があったのなら、その失った利益額をケーキ屋設立の費用に加えなければなりませんが、そこまでするかはともかく（確実性がどれほどかによります）、少なくとも利息として得られていたはずの金額は設立費用にプラスしなければなりません。そうしないと、このケーキ屋の経営についてお金ではかったときの損得がどうなのか、経済学的に正確な判断ができないのです。

◎ほかの店の利益はこちらの店の費用になる？

さらに、お店を経営する場合は、ケーキ屋をやるよりももっとお金の稼げる選択肢がほかにあるのなら、その稼げるはずの金額を費用として計上しなければなりません。

たとえば、ケーキ屋を経営して、年に1000万円の粗利が出ているとします。普通の感覚なら「まあまあかな」と思うところでしょうが、経済学の世界では違います。ケーキ屋ではなく、コーヒーショップをやれば2000万円の粗利が出るとするなら、その2000万円がケーキ屋の経営を選んだことによって失った機会費用となってしまいます。

したがって、1000万円の粗利（ケーキ屋の経営自体でかかる費用はもう引いてある）から2000万円の機会費用を引くことになりますから、このケーキ屋の経営は、経済学的にいえば1000万円の赤字となってしまうのです。

〔企業経営をする場合の収入・費用と利潤の経済学的計算〕

経営によって得られる収入 － 経営上支払う費用 － 機会費用 ＝ 利潤 / 赤字

せっかくそれなりに利益を出しているのに、どうして知りもしないよその店の利益をもってきて、黒字を赤字に落としこむような引き算をしなけりゃならないんだ、と、懸命にケーキ店経営にあたっている店主は憤然とすることでしょう。

まことにもっともなことですが、これは経済学の関心が、個々のお店の経営状態ではなく、社会全体としての効率性アップに向いているからです。ほかにもっともうかる事業（社会全体の規模でいえば産業分野）があるなら、どんどんそちらに向けて退出・転換をすすめていく方が、社会全体としての効率性が高まり、資源の配分が適正化され、結果としてみんなが豊かになれるという考え方なのです。

その点の見極めをはっきりさせるために、個別の数字で黒字か赤字かではなく、「ほかよりもうかっているかどうか」に基準をおいて数字をみるわけです。経営者の思いなど歯牙にもかけないドライな発想にちがいありませんが、我々が本当にシビアに（合理的に）ものごとの損得をはかりたいとき、この「機会費用」のことを知っていれば役立つことも確かです。

甲子園の星の進学費用は１億？

◎巨額の契約金が進学費用に加算

高校野球の甲子園大会で優勝し、大人気になったピッチャーがいました（Ｓ君と呼びます)。当然、プロ野球から誘われ、入団すれば１億円の契約金と１千万円の年俸を得たはずでした。しかし、彼は大学進学を選び、４年後の卒業まで、お金を稼ぐどころか、入学金や授業料を合計400万円も大学に払う必要があったのです。

Ｓ君にとって、大学入学でかかった費用は400万円ではありません。その選択で失った契約金１億円＋年俸１千万円×４＝１億４千万円を機会費用として加え、１億4400万円にもなります。甲子園で彼に破れた相手校の投手は、高校卒業と同時にプロ入りし、すぐに頭角をあらわして高額年俸を稼ぐようになりましたから、まして優勝したＳ君の成功確率は高かったと思われます。となると、失った機会費用も年棒アップの期待分を入れてもっと多く見積もるべきかもしれません。

◎損得勘定は単純ではない

ただ、Ｓ君の選択が不合理だったとは、その費用の巨額さだけからはいえません。進学で得た効用（将来にわたるものはその割引現在価値）が、プロ入りで得たはずの金額を超えていれ

ば、その選択は経済学的に誤りでなかったことになります。

そして、お金どうし（たとえば大卒ゆえに増えたはずの生涯賃金）なら比較可能ですが、お金以外の効用（得られた教養、友人やOB人脈、学生生活の楽しさ、大卒というステータスの値打ち…これはますます値下がり中みたいですが…）は金額に換算できないというのが、経済学のとる前提です。つまり、S君がそういった効用に１億円を超える価値を認めるなら、それはそれで経済学的にもOK…ということになるわけです。

しかもS君は大学卒業後、普通のサラリーマンになったわけではなく、あらためてプロ球団入りし、高卒時に負けないくらいの契約金と年棒を得られたので、話はさらにS君に有利になりました。結果からさかのぼれば、大学進学の選択によって失った機会費用は、契約金１億円＋年棒の何割かを４年間運用すれば得られたであろう金利だけになったと考えられるからです。

★将来受け取るお金の値打ちは「割引き」がかかる★

いますぐ受け取る100万円と、１年後に受け取る100万円では、同じ額でも１年後の方が値打ちが下がる、とするのが経済学的な考え方です。どうしてそうなるのかというと、いますぐ100万円を受け取れば、利息のつく運用をして、１年後には利息の分だけ金額を大きくできるはずだからです。

利息を仮に年利５％としてみます。そして、１年後の100万円の現時点での値打ちをX万円とおきます。そうすると、

$$X\text{万円} + (\underbrace{X\text{万円} \times 5\%}_{\text{1年後についている利息}}) = 100\text{万円}$$

これを変形すると、$X\text{万円} = \dfrac{100\text{万円}}{(1+5\%)}$

５％は、5/100＝0.05の意味ですから、X万円は95万2381円になります。この額のことを、１年後に受けとる100万円の現時点における「割引現在価値」といいます。

そうすると２年後以降の100万円の現在価値も気になりますが、一般にN年後の100万円の現在価値は、利息をr％として

$\dfrac{100\text{万円}}{(1+r)^n}$ ということになるのです。

第2章

「上手な買い物」の研究

「限界効用」が極めつけのキーワード

◎「消費者行動の最適化」とは

資源（商品、お金、時間）が限られているせいでトレード・オフに直面せざるを得ない人間が、その制約のなかでどういう選択をすれば自分の受け取る効用を最大化できるか、ということを考えるのが経済学の役割です。これは商品を買う側の人間＝消費者について考えることですので、「**消費者行動の最適化問題**」というふうに経済学では言っています。

ちなみに、商品を生み出して販売する生産者（企業）の側について、どういう選択をすればそのもうけ（利潤）が最大になるかという問題も経済学は扱います。こちらは「**企業行動の最適化問題**」です。この２つの「最適化問題」が、経済学（ミクロ経済学）の基本中の基本になっています。

◎「限界効用逓減《ていげん》の法則」がカギをにぎる

さて、それでは、消費者の「最適化問題」というものを具体例で考えてみることにしましょう。

前の章で2000円の範囲内でケーキと缶ビールを買おうとする人が出てきましたが、いったいどういう買い方をすれば最大の満足を得られるのか、ということが、まさにその消費者にとっての「最適化問題」であるわけです。

ただ、その問題を考える前に、この人が買った商品から受け取る「**効用**」というものの性質を、まずは押さえておかなければなりません。このあたりから経済学（ミクロ経済学）の最初の難所にさしかかりますので、辛抱しておつきあいください。

「効用」というのは、要するに「満足感」ということですが、その「効用」には次のような性質があるとされています。

あらかじめ言っておきますが、この性質の発見（というか再認識）が、経済学に大転換（後世の評価では革命）をもたらしたほどのすごいことだったのです。それは19世紀のことでしたが、「**限界**」という言葉がキーワードになっているので、「**限界革命**」と呼ばれています。

それは、こういう性質です。

★限界効用は逓減する

定理を表す言葉は短いほど正しいといわれますが（誰が言った？）、これもかなり短いですね。それはいいのですが、経済学ははじめてという人には、たぶん意味不明だと思います。

「逓減」というのは「ていげん」と読みます。「だんだん減る」という意味です。こんな難しい漢字を使わなくても、ほかにあるだろうと思って探してみると、実はなかなかありません（「漸《ぜん》減《げん》」くらいですが、五十歩百歩の見本のようです）。

それよりも肝心なのは、「限界効用」の「限界」とはなんなのか、です。「限界」とは、英語でいうと「Marginal（マージナル）」、日本語では「ヘリの、キワの」という意味になっています（なお、「これくらいが限界だ」というときの「上限」の意味ではありませんので、要注意です）。

つまり、「限界効用」とは、「いちばんヘリのところの効用」ということで、経済学の消費者行動分析にあてはめていうと、こういう意味になります。

★限界効用　＝ある商品を１単位追加して消費することによって得られる効用の増加分

「限界」というのは、「追加の１単位」⇒「いちばんヘリのところの１単位」⇒「限界（マージナル）の１単位」というつながりで使われた言葉なのです（ちなみに「マージナル」の元の言葉である「マージン」はページの余白という意味）。

そうすると、「限界効用は逓減《ていげん》する」というのは、次のように言いかえられます。

★追加して１単位買ったものから得られる効用は、だんだん少なくなっていく。

言いかえて意味がわかってみると「なあんだ」と感じる人も多いでしょう。これは私たちが日ごろから感じていることで、ケーキを食べる場合でいうと、おなかがすいて最初に食べる１個めは涙が出るほどおいしく（効用激高）、２個めは１個めほどじゃないがまあおいしく（効用それなり）、３個めはちょっと無理して食べてる感じで（効用かなり少）、４個めはもうかんべんしてほしいが残すと傷むし意地で食べる（効用ほぼゼロ）…と、だいたいこんなようなぐあいになります。

グラフにすると、下のように描けます。

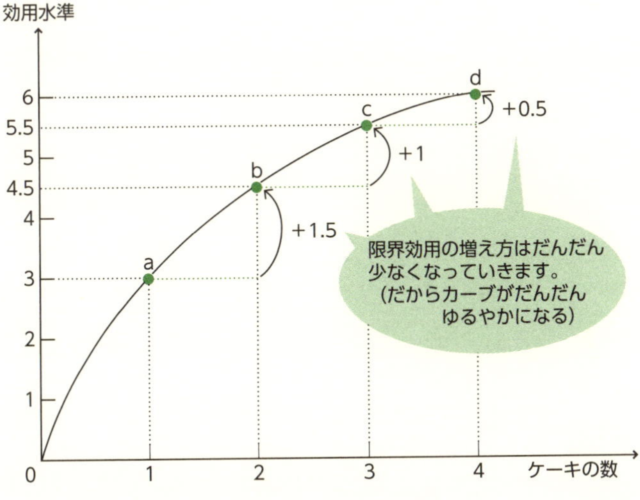

グラフに描かれたカーブが、この人が食べたケーキの数と、そのときの効用水準（満足度）を示す点を結んだものです。

ケーキが１つのときは効用が３になっています。ケーキが２つのときは効用がだいたい4.5、ケーキが３つのときは効用がだいたい5.5、ケーキが４つのときは効用が６です。

そうすると、１個めを食べたときは効用が３で、効用０から３増えた（限界効用＝３）、１個追加して２個めを食べたときは効用が4.5だから１個めのときの効用３よりも1.5増えた（限界効用＝1.5）、さらに１個追加して３個めを食べたときは効用が5.5だから２個めのときの効用4.5よりも１増えた（限界効用＝１）、さらにまた１個追加して４個めを食べたときは効用が６だから３個めのときの効用5.5よりも0.5増えた（限界効用＝0.5）――となっています（カーブの感じからすると、さらに５個めを食べたとしたら限界効用はほぼゼロでしょう）。

ケーキの個数	効用	限界効用
0	0	
1	3	Δ3
2	4.5	Δ1.5
3	5.5	Δ1
4	6	Δ0.5

「Δ３」の「Δ」は「デルタ」と読んで、「増えた分」という意味。

そうすると、上にまとめたように、限界効用はΔ3⇒Δ1.5⇒Δ１⇒Δ0.5と、だんだん減っていることがわかります。

◎効用の「量」ははかれるのか

減っていることがわかるもなにも、あらかじめそうなるような設定にしてあるだけじゃないか、と思うかもしれませんが、まったくそのとおりです。これは限界効用について説明するためのモデルであって、ある人にケーキを食べてもらって測ったデータなんかではありません。なお、そもそも人間の効用なんてものを現実にはかれるのか？…という疑問は、経済学上の一大論点で、いまだに決着をみないところではあります。

◎効用を表す数字は当人だけのもの

人間の効用をはかれるかどうかもあやしいというなら、まして3とか4.5とか、数字まで出てくるような話に意味はあるのか、ということになりますが、それについても、あくまで便宜上、ある人の中で感じられる効用の大きさを数字にして置いただけであって、ほかの人とも共通のはかりではかって比較できるようにしたものとは違う、というのが答えです。あくまでこの人が自分の中だけで感じている効用の大きさを、ほかの人にもわかるように感覚的に数字で表してあるだけです。

ただ、序数的効用は大きさの順番だけがわかる、という定義からすると、当人の中だけのこととはいえ、順番のみならず数字で大きさそのものの比較もできるようにしてあるわけですから、効用をある程度、基数的にもとらえている、ということはいえそうです。このあたりも、「**効用の可《か》測性《そくせい》**」の問題として議論のタネになってきたところです。

ともあれ、効用の増え方がだんだんに減るという「**限界効用逓減《ていげん》の法則**」については、うるさ型の経済学者たちにも異論はないようです。これればかりは誰しも実感でうなずけるからでしょう。

★食べすぎたときの限界効用はどうなる？★

まちがいやすいのですが、限界効用が逓減《ていげん》（＝増え方がだんだん減少）するということと、全体の効用が減るということとはぜんぜん違うことです。

「逓減《ていげん》」というのは、増え方が少なくなっていくということであって、つまり増えてはいるわけです。ですから、全体の効用水準は、限界効用がプラスである以上は、前より上がっていくのです。

しかし、現実には、ケーキを食べすぎたり、ビールを飲みすぎたりすると、それ以上追加して飲み食いすれば効用がマイナスになってしまうことでしょう。気分が悪くなったり、おなかをこわしたりします。

そのように限界効用がプラスからマイナスに切り替わる点を「飽和水準」といっています。飽和というのは、消費する商品が食べ物であれば、まさしく「おなかいっぱい」の点ということです。

限界効用を用いた分析では、通常、そこまでは考えに入れず、限界効用は逓減《ていげん》するけれどもプラスにはとどまる（つまり積み上げた総効用は増えていく）ことを前提として考えを進めていきます。これを「不飽和の仮定」と呼んでいます。

限界効用理論は微分法で理解

◎どうして1個、2個単位のケーキが曲線で表せるのか

前の項で、限界効用逓減《ていげん》を表したグラフを見てもらいましたが、ケーキは１個、２個と、切りよく食べているはずなのに、なんでその間（１個と２個の間、２個と３個の間…）にも線があるんだ、と思った人がいるのではないでしょうか。

それは、こういうことです。限界効用といったときの「限界」の意味を「追加して買った１単位」だと説明しましたが、その１単位の増加が、ここのグラフでははっきり目に見えるように大きく書いてあるので、点と点の間に線があるように見えてしまっているのです。

◎本当は数学を使った抽象的な理論

もう少し説明を続けると、ここのグラフでは説明をわかりやすくするため、買う商品の数をケーキ１個、２個などと具体的にとっていますが、もともと限界効用の理論は数学の微《び》分法《ぶんほう》という方法を使って組み立てられた抽象的なもので、買う商品の数量は変数（どんな数字を入れてもいい文字数）x、効用の方も変数で、英語のUtility（効用）の頭の文字をとってUと書かれることが多いのです。

そして、その x ＝商品の数は、何千、何万どころか無限の点にまで切り分けられて存在するということになっています。したがって、それに対応する効用の値も、無限の数だけあるということになります。イメージでいうと、ケーキの数が1個、2個、3個…ではなく、0.0000…001個から始まって、0.0000…002個、0.0000…003個、0.0000…004個、……というふうに、ずーっと続いていきます（本当はこれは無限と違いますが、あくまでイメージとしてとらえてください）。そして、このケーキの数に対応して、効用の方も延々と現れ続けます。

そういうわけですから、商品の数とそれに対応する効用を示したグラフ上の点も、ぶつ切れではなく、なめらかな曲線となって表されることになるのです（ケーキという財をこの人が消費したときの「**効用曲線**」です）。

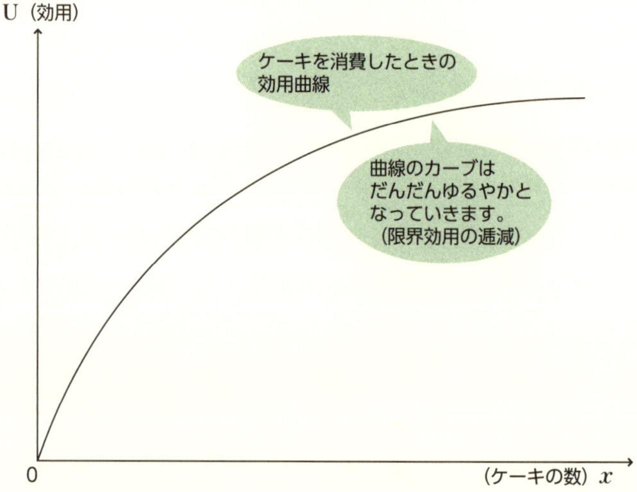

◎微《び》分《ぶん》がわかれば経済学も楽勝！

微分法の考え方を、グラフを使って、もう少ししっかりわかっておきましょう。経済学を勉強するには、微分法のことを知っていると、とても役に立つからです。

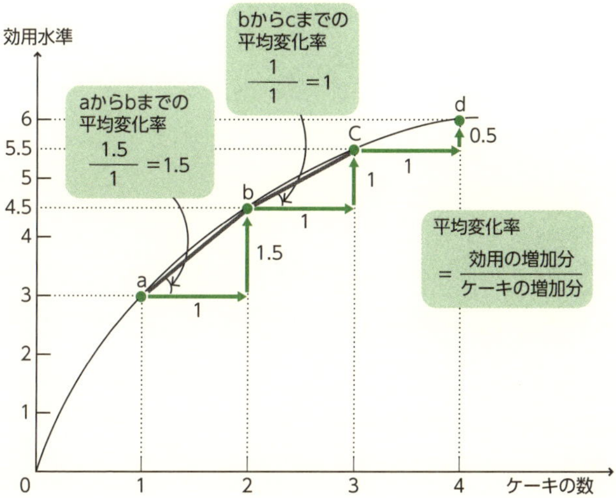

上のグラフで、ケーキを１個食べたあと、追加して２個めを食べると、この人の効用は1.5ほど増えます。グラフではそれがａ点からｂ点への変化で表されています。

この人は、１個めのケーキで３の効用をすでに得ており、２個めを食べた時点では、その３に1.5の効用が追加され、全部で4.5の効用になります。

続いてケーキ１個を追加して食べると、さらに１の効用が上乗せされ、全体の効用が5.5になりました。これがｂ点からｃ点への変化で表されています。

さて、ａ点からｂ点、ｂ点からｃ点がそれぞれ直線で結ばれているのがわかるでしょうか。

それぞれの直線の傾きが、ａ点からｂ点、ｂ点からｃ点までの**平均変化率**と呼ばれるものです。それは、ケーキの数の増加分に対する効用の増加分の割合のことで、

$$\frac{\text{効用の増加分}}{\text{ケーキの増加分}}\quad\begin{matrix}\text{分子}\\ \text{分母}\end{matrix}$$

という分数（分子÷分母の割り算）で表します。

この割り算は、ケーキの数が１つ（つまり１単位）増えたとしたら効用がいくら増えたことになるかを出すためにするのです（割り算というのは、分母を１ずつに切り分け、その１ずつの単位に分子がいくらずつ均等に乗っかるかを出すこと）。ただ、ａ点からｂ点、ｂ点からｃ点まではもともとケーキが１つずつ増えているので、割り算してもしなくても同じことです。

しかし、たとえばケーキ１個から４個まで（ａ点からｄ点まで）の平均変化率は、ケーキの数が３つ増え、効用が３増えますから、３割る３の計算をします。そうすると、ケーキが１つ（１単位）増えたとしたときの効用の増加分（ａ点からｄ点まで直線を引いたときの傾き）は１と出てきます（偶然ですが、ケーキを２個から３個へ増やしたときの平均変化率と同じです）。

◎ちょっとまぎらわしい話

ここで、ちょっとまぎらわしい話をしておく必要があります。「限界効用」とは「ある商品を１単位追加して消費することによって得られる効用の増加分」という定義でした。そうすると、上でやったようなａ点からｂ点、ｂ点からｃ点、あるいはａ点からｄ点までの平均変化率を出す割り算をして、商品が１単位増えたとしたら効用がいくら増加したことになるかの数字を出せば、その数字が限界効用の値を表すことになるはずですね。

実際、これまでグラフを使ってしてきた説明では、ケーキを１個（すなわち１単位）ずつ増やしていって、１個増やしたごとに増える効用の増加分が、その追加的１単位から得られる限界効用だと説明してきたのでした。

しかし、このやり方だと、ａ点からｂ点までケーキを本当に１個だけ増やしたときと、ａ点からｄ点までケーキを３個増やし、割り算して１個あたりにした場合とで、同じａ点を起点とした限界効用の値が異なってしまいます（前者は1.5で後者は１…限界効用の逓減《ていげん》でカーブがゆるくなっていくためです）。

そうすると、本当はこのやり方では、正確な限界効用は出せないのではないか、ということになります。

◎理論の厳密さと現実的方便

厳密に言えばそのとおりです。平均変化率は限界効用を表すものではありません。平均変化率の極限値（限りなく小さいケーキの増分に対応する効用の増分）が限界効用を表すのです。

ただ、現実の世界ではケーキは１個単位で買うものですし、ほかの商品も、それ以上は分けられないひとまとまりで買うしかないでしょう。ですから、現実の世界の買い物に即して限界効用を考えるとすれば、まさしく現実的な意味をもった最小単位――１個とか１缶とかを追加の１単位としてもってくるしかないのです。

しかし、微分法《びぶんほう》の世界の最小単位とは、無限小にまで切り分けた果ての点です。

抽象理論の世界では、この極限まで微小化した１単位を増加分として限界効用をはかります。また、そうでないと、（あとで出てきますが）効用曲線の接線の式を微分によって導き出し、最適な消費選択ポイントを探りあてるなどという微分法の得意ワザが使えないのです。

結局、商品１個とか１缶とかを最小の１単位として限界効用を考えるやり方は、現実の世界に微分法という理論世界の方式をあてはめてみるときの方便ということになるのでしょう。

◎微分法とは平均変化率の「極限値」を求めること

さて、いろいろと仕込みがおわったところで、いよいよ微分法とはいったいなにをどうするものなのか、です。

端的にいうと、微分するとは、平均変化率を表す分数の分母の方を、限りなくゼロに近づけていくということです。

$$\text{平均変化率} = \frac{\text{効用の増加分}}{\text{ケーキの増加分}}$$

この「ケーキの増加分」を、ギリギリまでゼロに近づけます。ギリギリまで、というのは、ゼロに到着してしまってはまずいからです（分母がゼロになると分数が成り立たなくなります）。

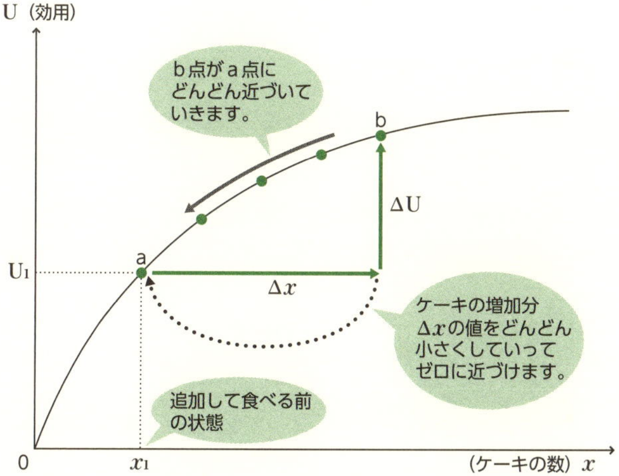

上のグラフで、Δxは、ケーキの数がx_1の点から増えた分を表します。増えたのは1個でも2個でも何個でもかまいません。これは現実を離れた理論世界のやり方ですから、「ケーキの数量の増えた分」ということがわかれば、具体的な数はいくらでもいいのです（どうせゼロ付近まで減らすのですし）。

Δxだけケーキが増えると、それに応じて効用UがΔUだけ増えます。そうすると、

$$平均変化率 = \frac{効用の増加分}{ケーキの増加分} = \frac{\Delta U}{\Delta x}$$

これを微分します。右の分数の分母にあるΔxをどんどん小さくしていき、ぎりぎりまでゼロに近づけます。そうすると、曲線（効用曲線）の上にあるｂ点がａ点に向かってどんどん近づいていきます。

$$平均変化率 = \frac{\Delta U}{\Delta x}$$

は、ａ点とｂ点を結んだ直線の傾きになっているのですが、その傾きがどんどん大きくなっていくのがわかるでしょうか。

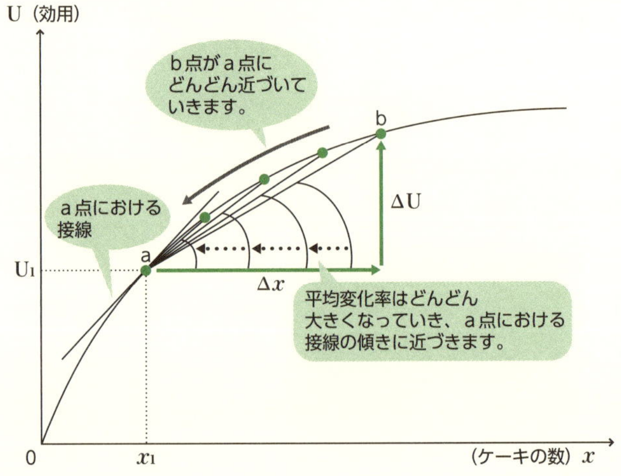

さて、ここからがまさにクライマックスです。b点がどんどんa点に近づいていき、ついにはa点ギリギリのところまでやってきます（a点とピタリ一致してはいけません。a点と一致するということはΔxがゼロになるということで、平均変化率を表す分数式の分母がゼロになってしまうからです）。

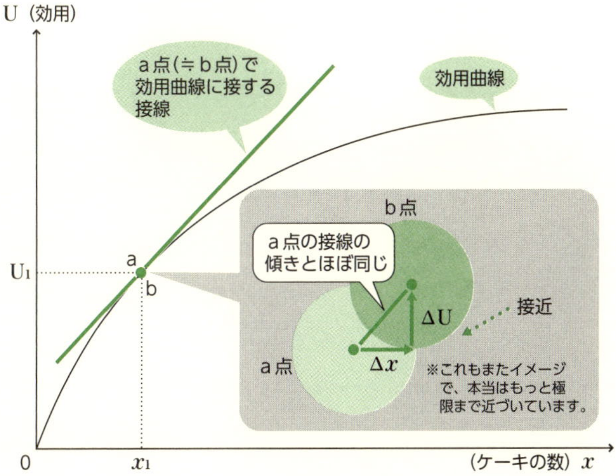

このとき、小さすぎて目には見えませんが、やっぱりa点とb点を結んだ直線が、まだ残っているのです。そしてその直線の傾きは、a点において効用曲線に接する（a点を通る）接線の傾きとほぼ等しいのです（ほぼ等しいというなら、ちょっとは違うんだな、と思うかもしれませんが、無限小の単位でちょっと違うというのは、まったく等しいのと同じことです）。

これはなにを意味するか。効用曲線上のa点における接線の傾きこそが、この人のa点における限界効用にほぼ等しい（ほぼはとってもかまわない）、ということを意味します。

念のため「a点における限界効用」の意味をもういちど確認しておくと、ケーキを買って食べるこの人が、a点に対応するx_1という数のケーキをすでに食べていて、あともう少しだけ（といっても無限の小ささですが…）追加して食べたときに増す効用の量、それがa点におけるこの人の限界効用だということです。そしてそれがa点における接線の傾きに等しいのです。

◎限界効用の概念は消費の最適化にどう役立つのか

それにしても、こんなことはいったいなんのためにやっているのか。そろそろまだるっこくなってきて、限界効用が接線の傾きとどうだとかって、それがなに？　そんなに接線が大事？…なんて感じになってしまう人もいそうですね。

でも、ここが辛抱のしどころ。ここからが佳境です。

どんな人も、資源の希少性のゆえに欲望を完全には満足させられません。せめて予算の範囲内で自分の効用を最大化するように消費を行なうにはどういう選択をすればいいのか――これをつきとめるのが経済学の役割でした。

次の項で、いよいよ経済学がその問題にアプローチしている方法をみてみましょう。微分によって曲線の接線を求めるワザが、消費者の最良の選択を解き明かすのにどう関係しているかを、そこで知ることができるでしょう。

予算線が欲望の境界ライン …消費の「最適化」①

◎予算線は消費可能な組合せをつないだ線

それではいよいよ、2000円の予算でケーキと缶ビールの買い物をする人（消費者）の最適化行動について考えてみることにしましょう。

ある人が2000円のお金を使えるとき、400円のケーキと200円のビールを買いたいと思っています。どういう数の組み合わせで買うか、いろいろ考えられますが、総額2000円の範囲内でしか買うことはできません。予算の制約というものがあるわけです。

次のページのグラフに引かれている線が、**予算線**です（**予算制約線**ともいいます）。

予算線というのは、使えるお金（予算）をぜんぶつかって商品を買うとき、買える個数の組合わせの点をつないで線にしたものです。

ここでは、ケーキと缶ビールという２つの商品を組み合わせて買いますから、(ケーキの数、缶ビールの数）の順で表す点を、

（0, 10)、（1, 8)、（2, 6)、（3, 4)、（4, 2)、（5, 0)

とグラフ上に６つ打ち、それらをつないで直線にしてあるわけです。この線の外側（右上方）では買い物ができません。

この線が、いわば欲望の境界ラインです。

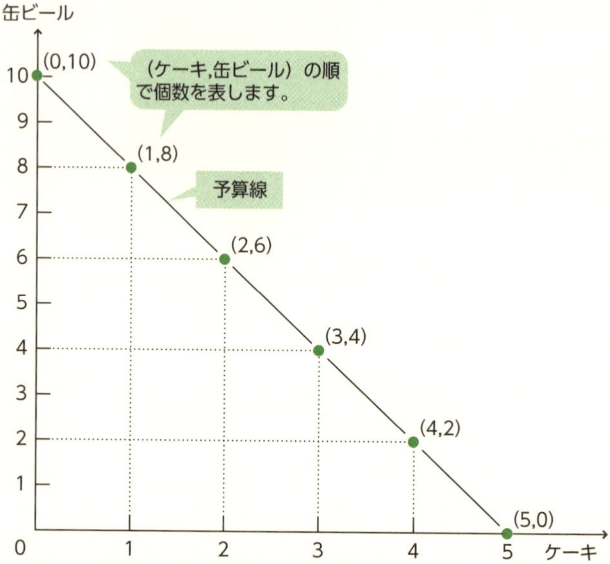

ケーキ（1個400円）	缶ビール（1缶200円）
0個	10缶
1個	8缶
2個	6缶
3個	4缶
4個	2缶
5個	0缶

予算2000円を満額使い切って買うときの組合わせです。たとえばケーキ2個なら缶ビールは6缶買えます。

無差別曲線のさまざまな性質…消費の「最適化」②

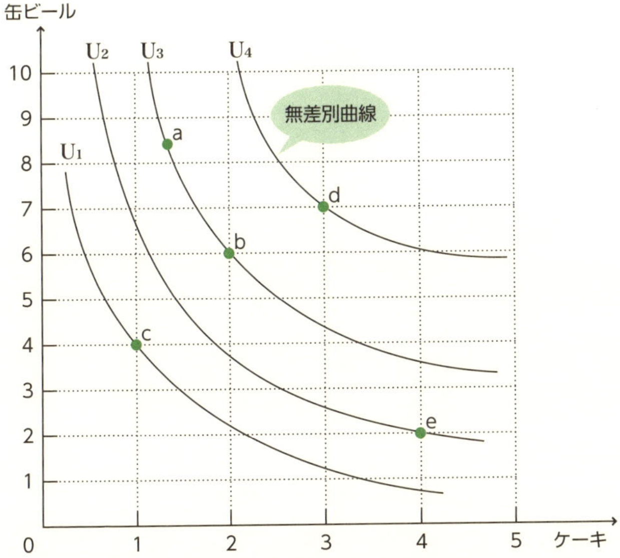

さて、次に出てくるのは「**無差別曲線**」です。

無差別曲線というのは、２つの商品（ここではケーキと缶ビール）を買ったとき、その消費によって受け取る効用の水準が一定になるすべての組み合わせのことをいいます。

◎同じ無差別曲線上なら効用が無差別

上のグラフをみると、U_1、U_2、U_3、U_4の４本の曲線が描いてあります。これがみな（効用の）無差別曲線です。Uという字は、限界効用のところでみたのと同じく、英語のUtility（効用）の頭文字からとっていますす。

これらの曲線がどう無差別なのかというと、たとえばU_3という同じ曲線上であれば、どこのポイントでも消費者の得る効用はぜんぶ同じ（無差別）ということです。U_3上の点ａ、点ｂは、どちらも同じ効用を表します。ａの方が上にあるから効用が多そう、などと思ってはいけません。

◎無差別曲線は右上にいくほど効用水準が高い

それでは、線どうしの比較ではどうかというと、原点（左下スミの「０」のところ）から右上に遠く離れるほど、効用の水準が高くなります。

なぜなら、たとえばケーキ３のところをみると、原点にいちばん近いU_1がビールの数もいちばん少なく、U_2、U_3、U_4の順で原点から右上に離れるほどビールが多くなります。

次は横に、たとえば缶ビール６のところをみると、ケーキの数はU_1～U_4の順に、原点から遠いところの線ほどたくさんになっていきます。

どちらにしてもU_1⇒U_2⇒U_3⇒U_4の順に消費できる商品の数が多くなるのですから、原点０のところから右上に離れれば離れるほど無差別曲線の効用水準が高くなることが見て取れるというわけです。

◎無差別曲線が点ではなく線になるわけは？

さて、ここでまた、先ほど限界効用のグラフで出てきたのと同じ疑問にぶつかることになります。

現実の世界では缶ビールを１缶、２缶…と買い、また、ケーキを１個､２個…と買います。それぞれ１ずつを最小単位とし、その倍数（整数倍）を組み合わせて買うのです。

しかし、先ほどの無差別曲線のグラフでは、ケーキと缶ビールがちょうどぴったりの数の組合わせになるポイントもありましたが（点ｂ、ｃ、ｄ、ｅ）、点ａなどは違いますし、そもそも曲線のほとんどがケーキと缶ビールをちょうどぴったり買える組合わせのポイントを通ってはいません。

無差別曲線の定義が、２つの商品を組み合わせて消費するとき、それによって得られる効用の水準が一定になるすべての組合わせを表す、ということであるなら、ちょうどよく組み合わさったポイントのいくつかしかないはずじゃないの？　つながった曲線になんかならないのでは……と、考え深い人ほど悩んでしまうでしょう。

◎理論の世界では商品は無限に切り分けられる

これはどういうことかというと、前に限界効用を表したグラフについて説明したのと同じことで（⇒51ページ）、理論の世界で無差別曲線を考えるときは、ケーキも缶ビールも無限に切り分けられた点として存在しているのです（つまり最初から微

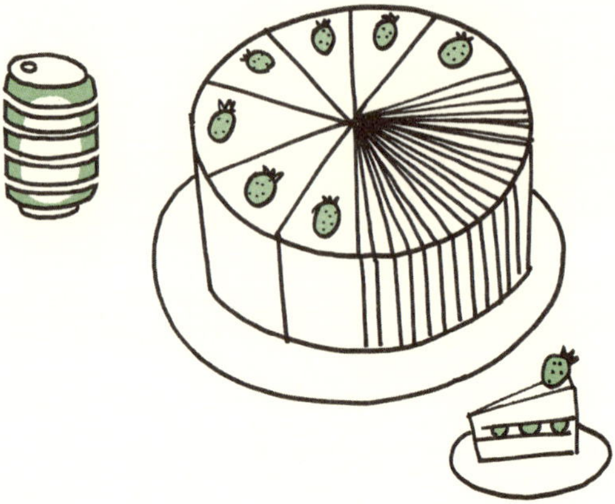

分のための材料の集まりなのです)。

したがって、同じ効用水準を表す組合わせも無限の数だけあることになりますから、それらがつながってなめらかな曲線を描くのです。

◎無差別曲線は無数にある

無差別曲線とは２つの商品の組合わせの点が無限の数だけ集まったものといいましたが、無差別曲線そのものもまた、無限の数だけ存在しています。

グラフでは、当然ながら全部は描けないので、代表として４本だけ描いてありますが、本当はグラフ面がぜんぶが埋まるだけ無差別曲線はあります。

これも、２つの商品が（理論的には）無限の数ほどに切り分けられてあるからです。

無限の数の商品ピースがありますから、ほんのわずかずつ効用の水準をずらして商品パックをつくることができます。わずかずつ効用水準がずれるというときの「わずか」とは、無限に小さな差ということです。それゆえに、効用水準の異なる無差別曲線が無限にできあがるわけです。

◎無差別曲線は交わらない

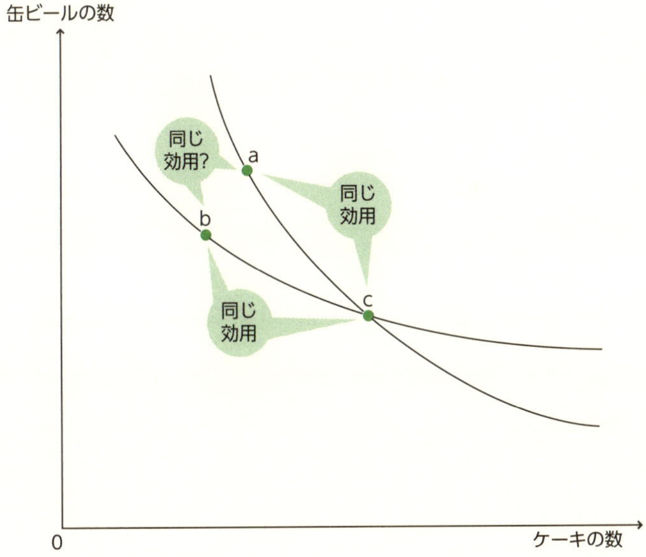

無差別曲線は無数にあるということでしたが、１つとしてほかの線と交わっているものはありません。論理的にいって、交わることは絶対にありえないのです。

そういいながら、グラフをみるとｃ点で交わっている２本の無差別曲線が描いてあります。ａ点、ｂ点は別々の無差別曲線上にありますが、どちらもｃ点とは同じ線上となるのですから、効用水準はｃ点＝ｂ点、またｃ点＝ａ点。ゆえにａ点＝ｂ点となるはずです。しかし、無差別曲線は右上にあるほど効用水準が高いという性質もあるのですから、ａ点の方がｂ点より効用は大きいはず。これはさっきのａ点＝ｂ点と矛盾します。

矛盾が出てくるのは、無差別曲線が交わっているという前提がヘンだからです。したがって、交わっている無差別曲線はないんだ、という結論になります（「背《はい》理《り》法《ほう》」による証明です）。

◎最重要なのは「右下がり」と「原点に凸《とつ》」

「消費者がケーキと缶ビールをどういう組合せで買えば効用を最大化できるのか」という当面の問題を考えるとき、いちばん重要な無差別曲線の性質は、と聞かれれば、「右下がり」と「原点に対して凸《とつ》」のセット、と答えることになります。

まず、「無差別曲線は右下がり」についてですが、グラフを見れば一目瞭然、たしかに無差別曲線は例外なく右下がりになっていますね。

どうして右下がりになるのかは、無差別曲線が「同じ効用水準を表す点の集まり」であることを思い出せば、あたりまえだということに気づくでしょう。

たとえば、ケーキと缶ビールの組合せで、ケーキの購入数を増やしたらどうなるでしょうか。その新しい組合せによってもたらされる効用が無差別曲線の上（つまり前と同じ効用水準）にとどまるためには、ケーキの数が増えて効用が積み上がった分、缶ビールの数は減らなければなりません。

そうすると、無差別曲線上の点は、ケーキの増加で右にいき、ビールの減少で下にいく、という動きをすることになります。それは無差別曲線の右下がりを示すものにほかなりません。

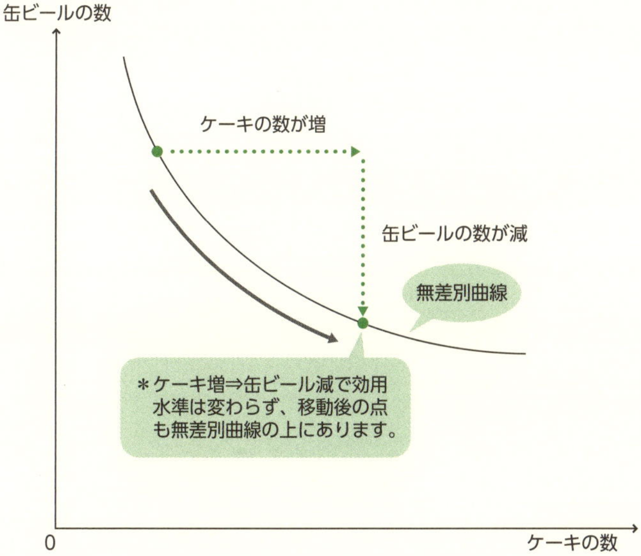

◎「限界効用逓減《ていげん》の法則」が再登場

次は無差別曲線の「原点に向かって凸《とつ》」という性質です。

下のグラフを見てください。無差別曲線が左上から右下に流れ降りてきていますが、最初は降り方が急で、真ん中でゆるやかになり、右下にいくとグッとゆるやかさが増します。無差別曲線は、ただ右下がりであるばかりでなく、原点に向かって凸《とつ》（出っぱり）のかたちをとる、という性質があるのです。

どうしてこういうかたちになるかというと、モノを消費するときの「**限界効用逓減《ていげん》**」がその原因です。

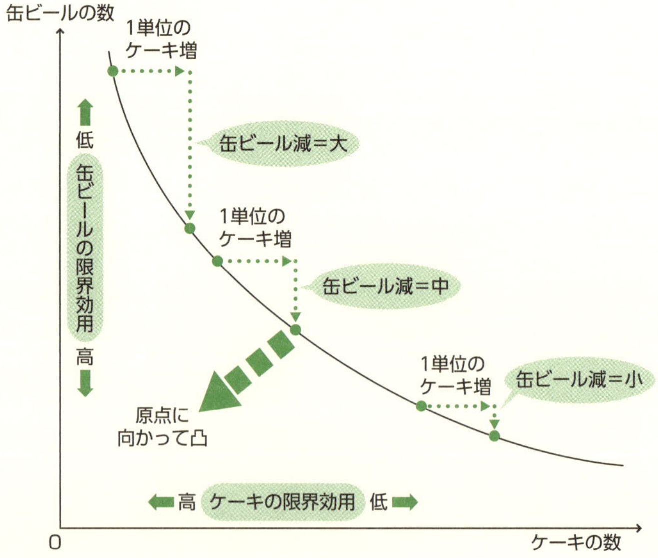

さあ、出てきました。消費者の受け取る効用というものについての鉄板セオリー、近代経済学の革命的キーコンセプト、「**限界効用逓減《ていげん》の法則**」の再登場です（⇒45ページ）。

グラフで表される消費量は、横軸方向のケーキは右にいくほど、縦軸方向の缶ビールは上にいくほど大きくなります。消費量が増えるにつれ、消費者がその追加分から受け取る効用（限界効用）はどんどん低下していく、というのが「限界効用逓減《ていげん》の法則」でした。

◎「限界効用逓減《ていげん》」が曲線のカーブを生む

いま、ケーキを１単位追加するとします。そのとき、トータルの効用水準を維持して同じ無差別曲線の上にとどめるためには、缶ビールを減らしてケーキの効用増加分を打ち消さなければなりません。

そのとき、１単位増やしたケーキのもらたす効用は、ケーキの数がまだ少ないときほど大きく、数が多くなればなるほど小さくなっていきます。いうまでもなく限界効用が逓減《ていげん》するからです（ケーキと逆に、缶ビールの限界効用は、どんどん数が減っていくわけですから逓増《ていぞう》します）。

ということは、ケーキによる効用増を打ち消すために減らすビールの数量は、ケーキの数が少ないときほど多くなり、ケーキの数がもうたっぷりなときほど少なくてすむはずです。

これをグラフに描くと、無差別曲線が左上から降りはじめるときには傾きが大きく（つまり右に１増えるケーキを打ち消すビールの減り方が下に向かって大きく）、ケーキの数量が増えるほどだんだん傾きが減っていく（右に１増えるケーキを打ち消すビールの下方への減り方がだんだん小さくなる）、ということになります。

そうすると、曲線のカーブは、まっすぐ右下がりではなく、原点方向に出っぱる形（原点に向かって凸《とつ》）になるわけです。

◎ここで微分法も再登場

さて、こういう曲線の曲がり方の話になると、「私をお呼びですね」とアラジンの魔王のように必ず出てくるのが、くだんの微分法《びぶんほう》です。

限界効用のところでやりましたが（⇒42ページ）、ここでちょっとくり返しておくと、限界効用とは、ある商品を消費している人がさらに１単位だけ追加して消費したとき、その追加分に応じて増える効用の大きさということでした。

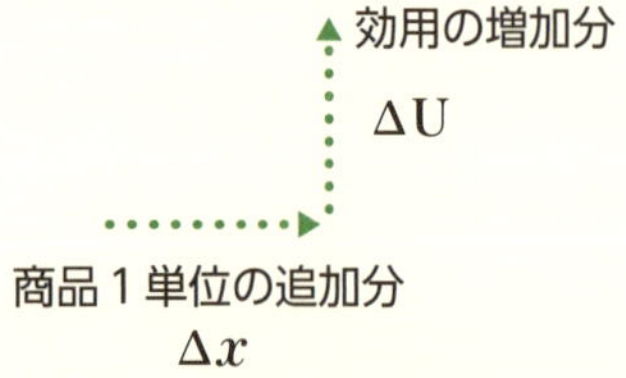

そして、微分をするとは、この追加して消費する１単位の大きさを、現実世界の１個、１缶ではなく、数学的に極限までゼ

ロに近づけるということでした。

そうやって商品の追加１単位に対応して増加する効用の大きさを点の中にまで押しこめてしまう作業が、理論的な意味での限界効用を求めることだったわけです。

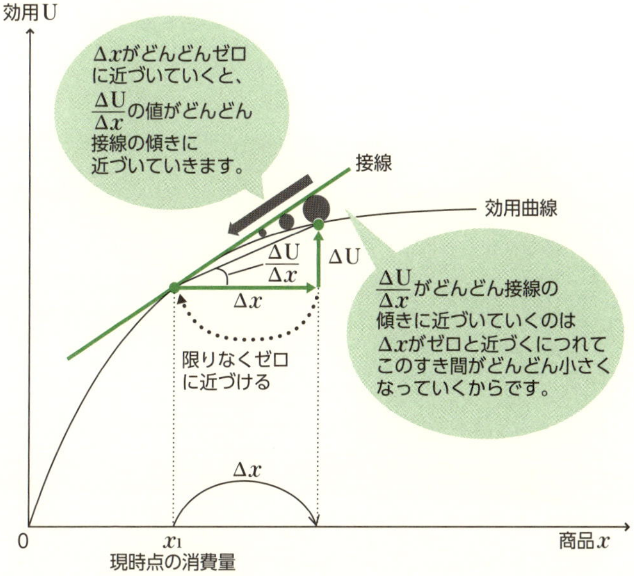
効用U
Δxがどんどんゼロに近づいていくと、ΔU/Δxの値がどんどん接線の傾きに近づいていきます。
接線
効用曲線
ΔU/Δx
ΔU
Δx
ΔU/Δxがどんどん接線の傾きに近づいていくのはΔxがゼロと近づくにつれてこのすき間がどんどん小さくなっていくからです。
限りなくゼロに近づける
Δx
0
x1
現時点の消費量
商品x

そして、その限界効用の値は、現時点の消費量に対応する効用曲線上の点における接線の傾きにほとんど等しいのです（ほとんどは取ってしまってもOK）。

限界効用の説明のところでは話がここでおしまいだったので、なんで急に接線が出てくるんだか意味不明だったのです。ようやくいま、その接線の活躍するときがやってきました。

最適ポイントは「接点」にある…消費の「最適化」③

◎予算線が無差別曲線の接線となる

ここで、予算線のことを思い出してください。2000円の予算で400円のケーキと200円の缶ビールを買うので、ちょうど2000円満額になる双方の組合せを計算し、その点を結んで線を描きました（満額にするのは、おつりがくる買い方だと効用を最大化できないからです）。

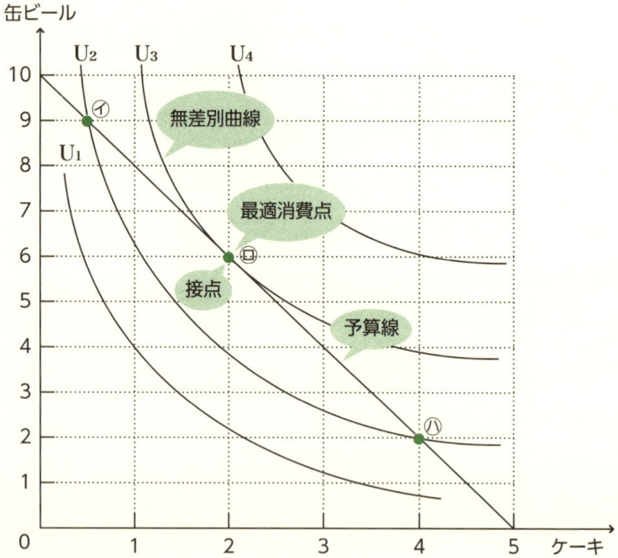

前ページにあるのが、その予算線のグラフに、これも前に出てきた無差別曲線のグラフを重ねたものです。

これをみると、予算線と無差別曲線U_3とが、点㋺でちょうど接していることがわかります。点㋺は、この人がケーキ２個と缶ビール６缶を消費するという点です。接しているのも交わっているうちに入りますので（１点で交差）、この人は2000円の予算でその組合わせの消費をすることができます。

無差別曲線U_2をみると、こちらは㋑と㋩の２点で予算線と交差しています。予算線上の点ですから、この組合せでも予算いっぱいの買い方ができます（もっとも点㋑はケーキの数が0.5くらいになっていて、現実には売ってもらえませんが）。

しかし、この無差別曲線U_2は、U_3よりも原点に近い位置にあるので、効用水準がU_3よりは低いのです。

逆に、無差別曲線U_4は、U_3よりも効用水準は高いのですが、予算線にまったく交わりませんので、予算2000円の範囲で買える組合わせではありません。

そうすると、2000円の予算の範囲内で、目いっぱい効用を得られるのは、ぎりぎり無差別曲線が予算線と接する点㋺の買い方だということになります。すなわち、ケーキ＝２個、缶ビール＝６缶という組合せこそが、この人が効用を最大化できる最適な選択だということがわかったのです。

そしてこのとき、予算線は無差別曲線U_3の接線になっているというのが、ここでの肝心な結論です。

「上手な買い物の基本定理」とは …消費の「最適化」④

◎接線の傾きがわかると役に立つこと

予算線が無差別曲線の接線になっていたら、いったいどうなるというのでしょうか。

結論を先にいうと、どういう買い方をすれば限られた予算のなかで効用を最大化できるか、という問題に対する答えを、払うお金と、受け取る効用（限界効用）との関係式として、数学的に導き出せるのです。それは、普通の好みをもち、合理的な判断をする人間であれば必ずあてはまる「上手な買い物の基本定理」――とでもいっていいものです。

さて、これから、その「基本定理」にたどりつくための作業にとりかかるとしましょう。

◎まず予算線を数式で表す

そもそも予算線とは、消費者が代金として払うお金と、それぞれの商品の購入数の関係で成り立つ式です。その式は、グラフにすると右下がりの直線となり、消費者の効用最大化の際には無差別曲線の接線となる、というのが、さっきわかった結論でした。このとき予算線の傾きがどう表せるのかということが、「基本定理」に至るための欠かせないパーツとなります。

まずはその予算線を、式のかたちで表してみましょう（これからちょっと数式が出てきてウッ…かもですが、わかってしまえば「なるほど」となりますので、どうかご辛抱を……)。

これまでは400円のケーキと200円の缶ビールの2財を2000円の予算で買うという具体例で話をすすめてきました。しかし、ここからは、商品がなんであろうと通用する一般法則のレベルに話がシフトします。それで、ケーキをX財、缶ビールをY財というふうに抽象的な商品に置きかえないといけません。そして、消費者がそれらを購入する数量を、それぞれX、Yとします。PxはXの価格、PyはYの価格です。

とまあ、そういうわけで、予算線は次の式で表されます。

$$Px \cdot X + Py \cdot Y = M \quad \cdots\cdots ①$$

(「・」は「×(かける)」が「X(エックス)」とまぎらわしいので略したもの)

右辺(「=」の右側)のMは、使えるお金の額です。使えるお金も2000円とは限らず、いくらと決めてもかまわないMという文字数を置きます(どんな文字でもいいのですが、MoneyのMをあてています)。

どうしてこういう式になるのかというと、X財の数にその値段(価格)をかけた額(X財を買って支払う額)と、Y財の数にその値段をかけた額(Y財を買って支払う額)とを足したものが、ちょうど使えるお金ぎりぎりいっぱいに等しい、ということをこの式は表していて、それがまさに予算線というものの定義だからです。

ちなみに、ケーキと缶ビールの例にあてはめると、

$$400X + 200Y = 2000$$

という式になります（Xはケーキの数、Yは缶ビールの数）。

◎次は予算線の傾きをとり出す

さて、次は、この予算線の傾きを、式のなかからとり出してやります。

予算線の傾きをとり出すには、さっきの①式を変形しないといけません。Px・Xを右辺に移して、両辺をPyで割り、「Y＝……」のかたちにもっていきます。そうすると、

$$Y = -\frac{Px}{Py} \cdot X + \frac{M}{Py}$$

という式に変わります。このなかの

$$-\frac{Px}{Py}$$

というものが、予算線の傾きです。予算線が右下がりなので、マイナスがついています（傾きの大きさだけが問題なので、このマイナスはあとで消すことになります）。

PxはX財の価格、PyはY財の価格ですから、予算線の傾きはX財とY財の価格の比率になっていることがわかります。

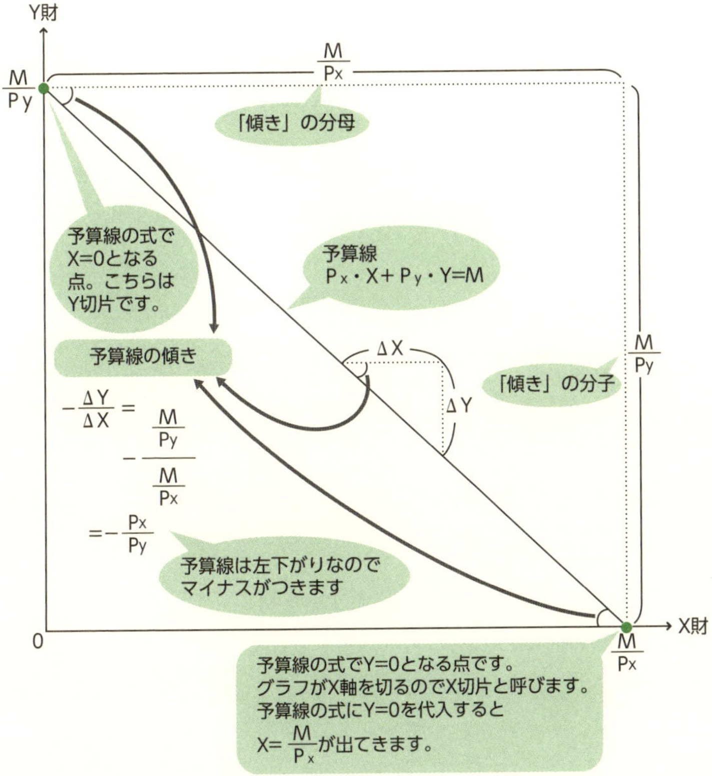
Y財
X財
0
$\frac{M}{P_y}$
$\frac{M}{P_x}$
「傾き」の分母
「傾き」の分子
予算線の式でX=0となる点。こちらはY切片です。
予算線
$P_x \cdot X + P_y \cdot Y = M$
ΔX
ΔY
予算線の傾き
$-\frac{\Delta Y}{\Delta X} = -\frac{\frac{M}{P_y}}{\frac{M}{P_x}} = -\frac{P_x}{P_y}$
予算線は左下がりなので
マイナスがつきます
予算線の式でY=0となる点です。
グラフがX軸を切るのでX切片と呼びます。
予算線の式にY=0を代入すると
$X=\frac{M}{P_x}$が出てきます。

◎次は無差別曲線からのアプローチ

さて、こんどは無差別曲線の方からのアプローチです。

無差別曲線とはどういうものだったでしょうか。それは、2つの商品を組み合わせて買うとき、どこをとっても得られる効用が同じになる（無差別な）組合せを示した点の集まり、ということでした。

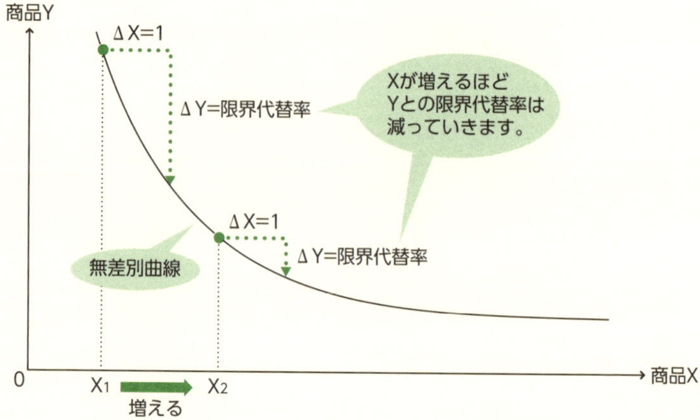

前に「無差別曲線が原点に凸」のところでみたのと同じグラフです（⇒66ページ）。そこでは、無差別曲線が原点に向かって出っぱるかたちになるのは、商品の数量が増えるにつれて限界効用が逓減《ていげん》する（だんだん減る）からだ、ということを説明しました。「**限界効用逓減《ていげん》の法則**」です。

そしていま、ここで出てくるのは「**限界代替率《げんかいだいたいりつ》逓減《ていげん》の法則**」というものですが、この２つはよく似ています。というか、限界効用が逓減《ていげん》する（だんだん減る）んだったら限界代替率もそのせいで逓減《ていげん》するしかないよな、という関係です。

限界代替率《げんかいだいたいりつ》というのは、X、Yの２財（前の例ではケーキと缶ビール）を消費するとき、X財をあと１単位増やしたら、増えた効用（限界効用）をちょうど打ち消して同じ無差別曲線上にとどまるために減らさなければならないY財の数量のことです。言い方を変えれば、そのときのＸ財の追加１単位の値打ちをＹ財の数量ではかったもの、ということもできます。

そうすると、Ｘ財の数量が少ないうちは追加する１単位の値打ち（限界効用）が大きく、したがってそれをちょうど打ち消すためのＹ財の数量も大きい（＝限界代替率が大きい）ことになります。そして、すでに消費したＸ財の数量が上がるほど追加するＸ財１単位の値打ちは下がっていき、それを打ち消すためのＹ財の数量（＝限界代替率）は小さくてすむようになっていくわけです。これが「限界代替率逓減《ていげん》の法則」です。

★「限界代替率」は、なにゆえに「率」なのか★

それは限界代替率というものが、

$$-\frac{\Delta Y}{\Delta X}$$

という分数、すなわちΔYのΔXに対する比率として表されるからです。ΔXを１としたらΔYはその何倍あるかの値です。

それならなぜマイナスがつくかというと、ΔYのΔが「減少」というマイナスの意味をもつので、これにマイナスを重ねて式の値をプラスに戻すためです。「大きさ」というプラスの概念を考えるのに式の値がマイナスのままだと考えにくいのです。

◎最適点で予算線の傾き＝限界効用の比になる

さて、無差別曲線の上でＸ財とＹ財が数量を変化させ、それにもかかわらず同じ無差別曲線の上にとどまるための条件を、その数量変化で増減する効用といっしょにまとめて関係式にしてみます（なお、限界効用をMU⇒Marginal Utilityの頭文字で表します）。

$$\Delta X \cdot \mathrm{MUx} + \Delta Y \cdot \mathrm{MUy} = 0 \quad \cdots\cdots \text{②}$$

これが、その式です。

ΔＸ・MUxは、Ｘ財の数量の増減（ΔＸ）にＸ財１単位の増減で変化する効用の量（限界効用MUx）をかけて、Ｘ財の数量変化で増減した効用の総量を表します（ここではΔが増えた分だけでなく減った分の意味も表せるものとします）。

その右のΔＹ・MUyは、Ｙ財の数量変化（ΔＹ）にＹ財１単位の増減で変化する効用の量（限界効用MUy）をかけて、Ｙ財の数量変化で増減した効用の総量を表します。

そして、Ｘ財、Ｙ財の数量変化後にも、トータルの効用水準が変わらない（同じ無差別曲線の上にとどまっている）のであれば、ΔＸ・MUx　とΔＹ・MUyを足し合わせたものがゼロになる（一方のマイナスがちょうど他方のプラスを打ち消す大きさである）はず――というのが、②式の意味です。

この式を、各財の変化量どうしと限界効用どうしをまとめるかたちに変形して、

$$\frac{MUx}{MUy} = -\frac{\Delta Y}{\Delta X}$$

この式の右側（右辺）をみると、なにやら思い出しませんか。前に限界代替率が

$$-\frac{\Delta Y}{\Delta X}$$

と表されるということが出てきていたではないですか（⇒77ページ）。

そこでは、ΔXはX財１単位の追加分ということでした。こちらでのΔXは「Xの増減した量」ということになっていて、とくに「１単位」とは限ってはいませんでしたが、

$$-\frac{\Delta Y}{\Delta X}$$

のように分数（比率）のかたちになると、いやでもΔXは「１単位」という意味になるのです。そもそも分数（比率）というのが、分母を１としたとき、分子はその何倍の大きさになるのかを求める式だからです。

そうすると、

$$\frac{MUx}{MUy} = -\frac{\Delta Y}{\Delta X}$$

の右辺は、（ΔXがXが１単位増えたことを表すものとして）限界代替率と同じだといえることになります。

すなわち、X財とY財の限界効用の比率は、X財のY財に対する（言いかえるとX財１単位追加の値打ちをY財の大きさで測った）限界代替率に等しい、ということが、いままさにわかったわけです。

そして、この限界代替率というものは、（ここが肝心なところですが）無差別曲線上の各点において、その曲線の接線の傾きに等しいのです。

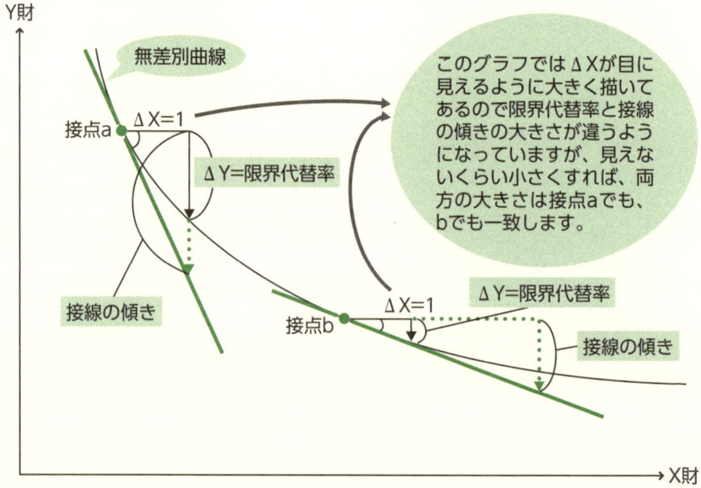

Y財
無差別曲線
接点a
ΔX=1
ΔY=限界代替率
接線の傾き
このグラフではΔXが目に見えるように大きく描いてあるので限界代替率と接線の傾きの大きさが違うようになっていますが、見えないくらい小さくすれば、両方の大きさは接点aでも、bでも一致します。
ΔX=1
ΔY=限界代替率
接点b
接線の傾き
X財

そして、さあ思い出しましょう。無差別曲線に接する接線が予算線でもあるとき——すなわち無差別曲線に予算線が１点で接しているとき、その接点におけるＸ財、Ｙ財の組合せこそが最大の効用をもたらす最適な選択であったはずです。

その予算線の傾きは、こうでした（⇒74ページ）

$$-\frac{Px}{Py}\quad\begin{array}{l}\leftarrow \text{X財の価格}\\ \leftarrow \text{Y財の価格}\end{array}$$

一方、無差別曲線上のどの点でも、接線の傾きは、その点におけるＸ財とＹ財の限界代替率に等しいことがわかっています（前ページ）。そうすると、その最適な選択ポイントにおいては

★予算線の傾き＝接線の傾き

★接線の傾き＝Ｘ財とＹ財の限界代替率

なのですから、予算線の傾き＝Ｘ財とＹ財の限界代替率という関係が成り立つことになります。

そして、もうひとつ、

★Ｘ財とＹ財の限界代替率＝各財の限界効用の比率（前ページ）

ということもありましたので、結局、

★各財の限界効用の比率＝予算線の傾き

ということがいえます。そうすると、

$$\frac{MUx}{MUy} = -\frac{Px}{Py}$$

……という式が成り立つことになるのです。

ここでは、それぞれの値の大きさだけが問題なので、右辺のマイナスは取ってしまいます。

$$\frac{MUx}{MUy} = \frac{Px}{Py}$$

ようやくたどりつきました。まさしくこの関係式こそが、X財とY財をある限られた予算内で買い求めるとき、得られる効用を最大にする「上手な買い物の基本方程式」だ、ということになるわけです！

この式を、もっと意味がわかりやすくなるように、次のように変形します（式の両辺をPxで割り、MUyをかけます）。

$$\frac{MUx}{Px} = \frac{MUy}{Py}$$

Px、Pyは、X財、Y財の価格です。MUx、MUyはそれぞれの限界効用——消費量を１単位増やしたときの効用の増加分です。式の両辺は、それぞれの商品の１単位（１円）あたりの限界効用の大きさを表しています。

つまり、この式は、２つの商品を予算の範囲内で買うならば、１円あたりの限界効用が同じになるように買うのが、その買い物全体として得られる効用が最大になるかしこい買い方だといっているのです。

「基本定理」は実生活の役に立つ？

◎「上手な買い物」を具体例で考えてみよう

消費者の行動の「最適化」を理論的につきつめていくと、各商品の１円あたりの限界効用が等しくなる買い方が、受け取れる総効用を最大にする、という結論に行き着きました。経済学ではこれを「**加重限界効用均等の法則**」と呼んでいます（前の項ではX、Yの２財で考えましたが、財の数がいくつであってもこの法則は成立することがわかっています）。

単に「限界効用均等」ではなく、「加重」がついているのはなぜでしょう。これは、単に効用の量をくらべるだけなら、値段の高い方が（たいていは）効用も大きいに決まっているので、それを買うことが値段も考えに入れたうえで「お買い得」なのか「お買い損」なのかがわからないからです。

どうすれば「お買い得」かどうかがわかるかというと、得られる効用を値段で割って、「１円あたりの効用」にしてやればいいのです。そうすれば、値段の違うものについても、「割高」「割安」の比較ができるようになります。

この「値段で割る」ということ、すなわちもともとの重み（量の多さ）の差にもちゃんと分数化の処理を加えることで横に比較できるようにしてありますよ、という意味で「加重」という言葉をつけているのです。

◎高い桃と安いオレンジを選ぶとすると……

たとえば3000円の予算で果物を買おうとして、1個1000円の高級桃と、1個200円のオレンジの選択に直面したとします。食べたときの満足度を胸の中で思い定めてみると、桃の方は高いだけあって100、オレンジの方は、桃（高級）が100ならまあ40くらい……になったとしましょう。

効用は桃の方がかなり大きいですが、そのぶん値段も高い。そうすると、それぞれの効用を値段で割ってやって、

桃　＝　100／1000　＝　10／100

オレンジ　＝　40／200　＝　20／100

…と、オレンジを買う方が2倍もお買い得なのがわかります。

◎「限界効用逓減」を忘れてはいけない

ただし、忘れてはいけないのは「限界効用は逓減する」という法則です。オレンジを買うとき、1個めの限界効用が40でも、買う数を1個増やすごとにそれは減っていくはずです。桃にしても、買い増すごとに効用が減っていくことは同じです。

仮に1個買い増すごとに最初の限界効用から1割ずつ単純に効用が減っていくとします。それで計算をすると、6個めのオレンジを買うときと1個めの桃を買うときの1円あたりの限界効用が等しくなります（＝10／100）。そこまではオレンジを買う方が1円あたりの限界効用が大きくてお買い得なので、オレンジを買い続けるのが「上手な買い物」です。

オレンジが６個めになると、桃の１個めの１円あたりの限界効用と同じになります。どちらを買ってもお買い得度は変わりませんが、ここでオレンジを買ってしまうと、使ったお金が200円×６＝1200円になって、まだ1000円の桃を１個は買えますが、２個買おうとすると予算オーバーです。しかし、桃の２個めとオレンジの７個めをくらべると、桃の２個めの方が１円あたりの限界効用が大きいのです（桃＝９／100、オレンジ＝８／100）。そうすると、桃を買えなくなる選択はお買い損になるので採用できません。

結局、この場合、桃２個とオレンジ５個を買うのが、効用の総量を最大にする買い方だ、ということがわかるのです。

◎さて、現実の買い物への応用は…？

いかがでしょうか。理詰めで「最適な消費選択」を明らかにできるところはなかなか見事なものだという感じもします。しかし、結局、その商品から得られる効用の大きさや、その限界的な減少の程度は、自分の感じでアバウトに定めるしかなく、結果もその定め方しだいです。それに、こういう計算を買い物のたびにするというのも、ちょっと無理なものがありますね。

それでも、この「１円あたりで比較する」という発想は重要です。これを頭のすみに置いておくだけで、ものごとの損得判断が論理的にできるようになるのではないでしょうか。それがまさに経済学的思考法というものなのです。

2つの財を消費するときの効用は3Dで表される

▶3Dは3dimensionsの略で「3次元」

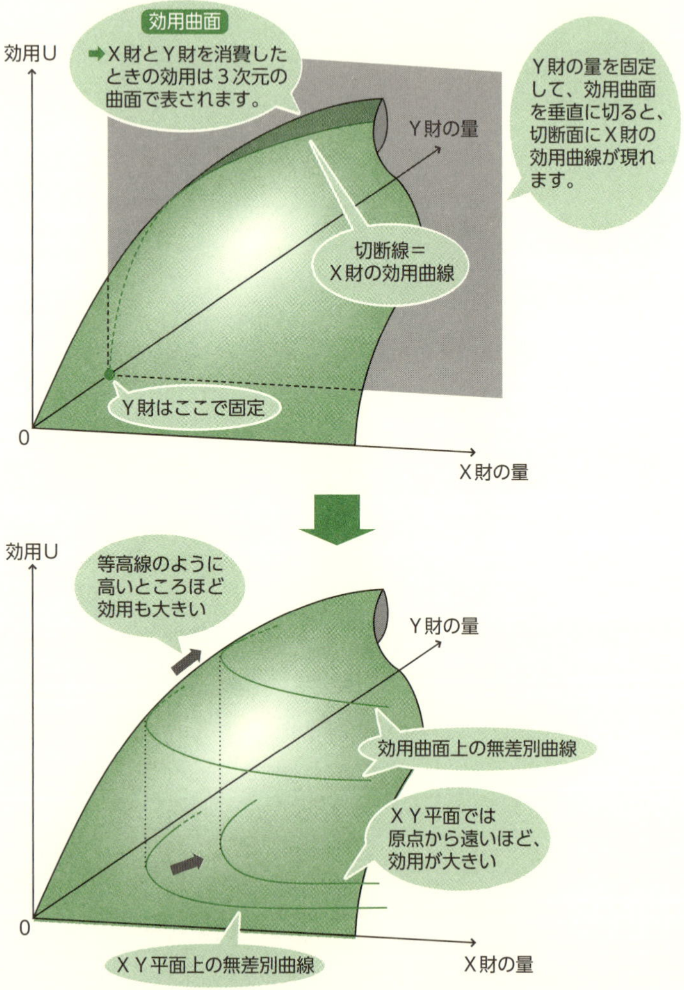
効用曲面
➡X財とY財を消費したときの効用は3次元の曲面で表されます。
効用U
Y財の量
Y財の量を固定して、効用曲面を垂直に切ると、切断面にX財の効用曲線が現れます。
切断線＝X財の効用曲線
Y財はここで固定
0
X財の量
効用U
等高線のように高いところほど効用も大きい
Y財の量
効用曲面上の無差別曲線
XY平面では原点から遠いほど、効用が大きい
0
XY平面上の無差別曲線
X財の量

第3章

…すばらしい「市場」のはたらき

市場とはどういうもの？

◎自由に市場で取引きできるのが市場主義経済

私たちの社会で、商品の取引きが行なわれる場所が**市場**（**マーケット**）です。市場で自由に取引きのできる経済システムを**自由市場経済**、あるいは**市場主義経済**といいます。

私たちは、なにかほしいものがあれば、市場に出向いて手に入れることができます。ほしいものといえば、まずは商品（財・サービス）です。私たちというのが事業主のことであれば、事業に必要な人手（労働力）であったり、お金（事業資金）であったりもします。

◎市場で需要と供給の過不足が解消するわけは

いずれにせよ、市場において「あるものを買いたい」という**需要**と「あるものを売りたい」という**供給**が出会います。売りたいものには値段（**価格**）がつけてあります。値段というのは、商品であればまさしく値段そのものですが、労働力であれば賃金、お金であれば利子ということになります。

それらのものを買いたい場合（お金は「借りる」ですが、利子という対価を払って一定期間の利用権を買うというふうに考えます）、値段をみて、それだけのお金を払っても自分のトクの方が大きいと思えば買う選択をします。

ついているその値段で買いたい量と売りたい量とがピタリ一致していれば、ちょうど売り切れて双方ハッピーなのですが、そうそううまくはいきません。あらかじめちょうどいい量を調べて市場に売りに出すわけではありませんから、たいてい過不足が生じることになります（ちなみに、あらかじめ調べるやり方が**計画経済**というもので、社会主義国で採用されましたが、うまくいきませんでした）。

買いたい人が多くて、市場に出ている量では足りなくなれば、値段が上がります（売り手が「これならもっと高くても売れる」と強気になって値上げするからです）。値段が上がればよけいもうかるので、同じものを売りたいと思う人が増えて、市場への供給量が増え、不足分が解消されます。

逆に、買いたい人が少なければ、売れ残りが出てしまいます。売りたい人は、そのままよりは値段を下げても売れた方がいいので値下げをします。そうすると、その値段なら買おうという人が増えて、売れるようになります。また、そんな安い値段じゃもうからないからと、市場に供給する人が減りますから、売れ残りもどんどん減っていくというわけです。

◎「価格メカニズム」が資源の最適配分を実現する

このように、市場には、たとえ需要と供給の量が一致していなくても、値段の上げ下げによって過不足を解消し、最後には需要と供給を均衡させるというはたらきがあります。この「**価**

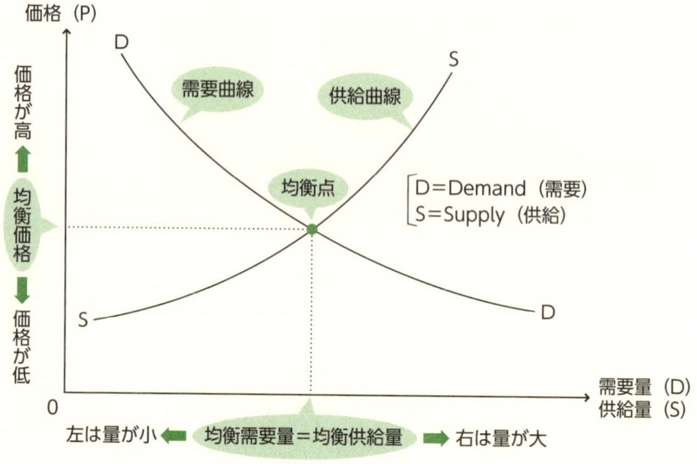

格メカニズム」のはたらきこそが、自由な市場取引きがもっているすばらしさだとされています。

売れ残りがなくなるということは、資源のムダがなくなるということです（資源というのは、天然資源のことばかりではなく、労働力、資金、時間など、値打ちがあってタダでは手に入らないすべてのもののことです）。また、売れるものはどんどん売ろうとする人が増え、逆に売れないものは減っていきますから、そのために費やす資源も売れるものの方にどんどん向かうことになり、社会の中で**最適な資源の配分**がなされるようになります。

自由な市場取引きが売り手のマインドに与える影響も見逃せません。知恵や工夫をつぎこんで価値の高い商品を市場に出せば、いい値で売れて利益が上がり、逆につまらないものを出せば安い値でしか売れず、市場から出ていくはめになるのですから、ほかの売り手に負けないよう、競い合っていい商品を供給しようとするでしょう。そういう**自由競争**の好ましい効果が、自由な市場取引きからは自然と生まれてくることが期待できるのです。

そういったあれこれで、その社会はますます売れるもの（値打ちのあるもの）を効率よく生み出すようになって、全体としてどんどん豊かになっていく、というわけです。

◎「政府は市場の邪魔をするな」が市場主義の考え方

そんなすばらしいはたらきが市場にあるのなら、できるだけ邪魔をしないようにするのが当然ですね。最初にこの市場の優れたはたらきをきちんと解明したのは、**アダム・スミス**という18世紀のイギリス人経済学者ですが、彼は、その著書『国富論』の中で、政府はできるだけ市場における自由な取引きの邪魔をしないようにするべきだ、ということを主張しました。

政府が自由な市場取引きの邪魔をするというのは、たとえば、特定の物品の生産に補助金を出したり、値段に最低額をもうけたり、輸入品に高額の関税をかけて国内に入ってこないようにしたりすることです。こういった規制は、国内産業を保護する名目で行なわれますが、市場主義の立場からは、みすみす市場機能による最適化を妨げる愚策だ、ということになります。

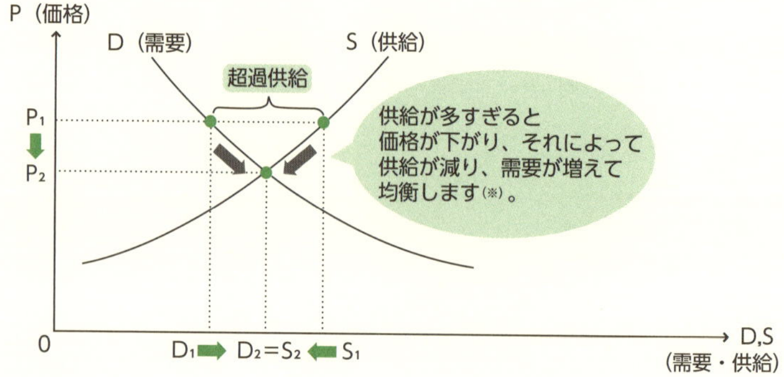
P（価格）
D（需要）
S（供給）
超過供給
P_1
P_2
供給が多すぎると
価格が下がり、それによって
供給が減り、需要が増えて
均衡します（※）。
0
D_1 ➡ $D_2=S_2$ ⬅ S_1
D,S
（需要・供給）

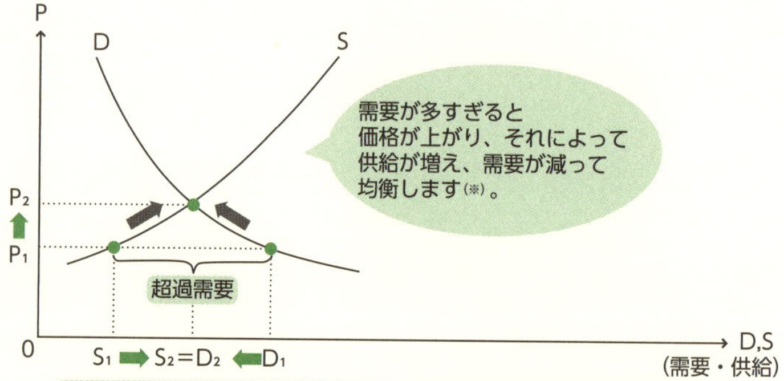
P
D
S
需要が多すぎると
価格が上がり、それによって
供給が増え、需要が減って
均衡します（※）。
P_2
P_1
超過需要
0
S_1 ➡ $S_2=D_2$ ⬅ D_1
D,S
（需要・供給）

※まず価格ではなく供給量の方から変化するとする見方もあります。

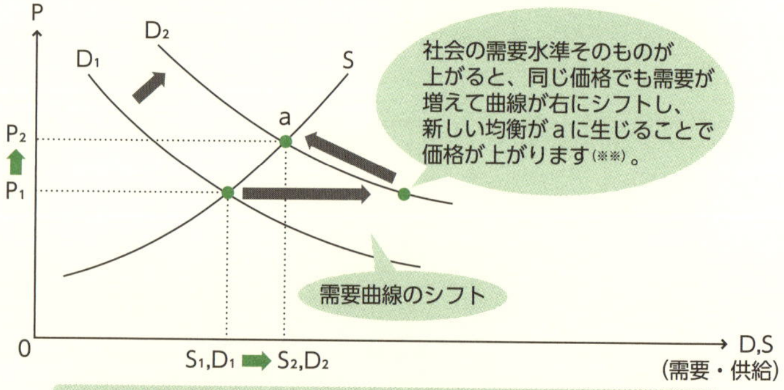
P
D_2
D_1
S
社会の需要水準そのものが
上がると、同じ価格でも需要が
増えて曲線が右にシフトし、
新しい均衡がaに生じることで
価格が上がります（※※）。
a
P_2
P_1
需要曲線のシフト
0
S_1,D_1 ➡ S_2,D_2
D,S
（需要・供給）

※※ある食品に若返り作用があるとの新発見があったような場合です。

★市場はいったいどこにあるのか★

◎「市場」は街の市場《いちば》ではない

「市場に出向いて商品を手に入れる」とこの項の最初に書きましたが、経済学でいう市場《しじょう》（マーケット）とは、町なかにある○○市場（いちば）のような特定の場所にはかぎられず、どこかのビルの中に設置されたディーリング・ルームのことを指すのでもありません。

それではいったい市場《しじょう》はどこにあるというのでしょう。商品の取引き（売買、交換）ができる場所なら、どこであってもあまねく市場なのであって（たとえば富士山のてっぺんでも知床半島の先端でも）、要するに市場とは出かけていくところではなく、誰もがすでにそこにいる場所なのです。

◎「バーチャル市場」が膨張中

それどころか、商品の取引きは電子回線を介して世界のどことでもできるわけですから、市場は私たちが現実に「そこにいる」という場所の縛りすら離れて、バーチャルなネット空間の中にまで広がっているということができます。むしろこの「バーチャル市場」の方がどんどん取引高を増やし、ふくらんでいくばかりです。

「経済主体」が目的別に市場にアクセス

◎「家計」は商品市場で需要し要素市場に供給する

商品がほしければ、**商品市場**（財・サービス市場）で手に入れることができます。そういうこと（商品の需要、消費）をする私たちのことを、経済学の言葉で「**家計**《かけい》」と呼んでいます。小さな家族的単位（つまりは１世帯の家族）でお金を使い、モノやサービスを手に入れる集まり、ということです。

家計を構成するメンバーは、稼《かせ》いだお金を使って商品を買いますが、できるだけ上手に買って、**効用を最大化**しようとしています。

それはいいけど、どうして家族ひとまとまりにしてあって、１人１人じゃないの、と思った人もいるかもしれません。そのわけは、１人１人バラバラよりも夫婦親子のまとまりでみた方が、生活水準とか支出の傾向とかを統計的にとらえやすいのでそうしているのです。１人であれば消費の理論が変わるということではないので、別に１人であってもかまいません（実際、１人暮らしの人も増えていることですし…）。

◎「企業」は要素市場で需要し商品市場に供給する

一方、「家計」のために商品を生産し、市場に供給するのが「**企業**《きぎょう》」です。「企業」はその生産を行なうために、**生産要素市**

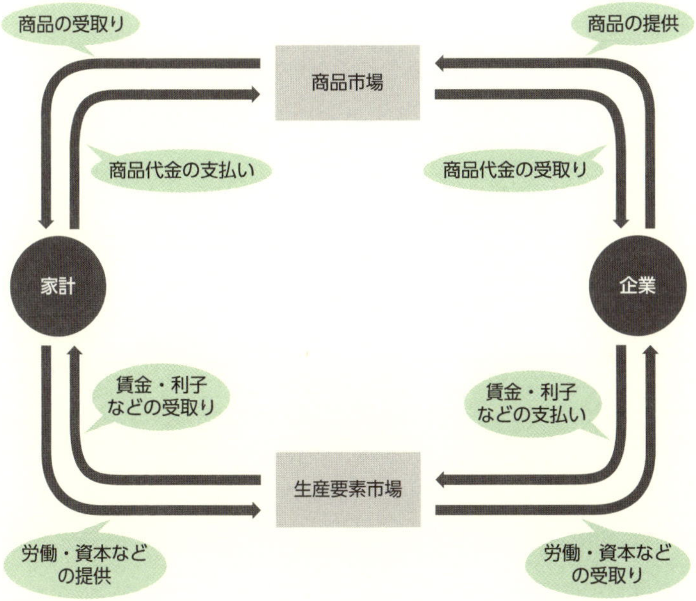

場において労働力や事業用の資金、そのほか生産のための土地や設備など（まとめて言えば「資本」）を調達します。

「企業」の目的は、ひとえに**利潤の最大化**です。とはいえ、このごろはただ利潤追求にはげむだけではだめで、社会貢献や環境保全にきちんとお金を使うことも重要とされていますが、それも回り回れば利潤追求の一環といえるのでしょう。

この生産要素市場に労働力や事業資金などを供給するのが、ほかならぬ「家計」です。

労働力の供給とは、もちろん雇われて働くことです。事業資金の供給とは、会社に直接お金を貸すこともなくはないでしょうが、多くは銀行にお金を預けたり、証券会社で株を買ったりして、市場にお金を投入することです。「家計」は、それらのことの見返りとして、「企業」から賃金（給料）や、利子・配当を受け取ります。

なお、「企業」自身が商品市場で商品を買うことはないのか、と思った人もいるかもしれません。もちろん実際にはそういうこともあります。しかし、経済の循環を考える場合には、そういう「企業」自身の消費は生産のための費用の支出として扱うことにしています。

ですから、「企業」がたとえば機械類を買ったとしたら、商品市場で商品を買ったのではなく、生産要素市場で資本を調達した扱いになるわけです。

◎小さなお店も立派な「企業」

実際には「企業」といってもいろいろで、事業主本人と区別のつかない小さな「企業」も数多くあります（たとえば、おばあさんが１人でやっている駄菓子屋さんとか）。そういうところは「企業」といってもしっくりこないでしょうが、消費者に商品を供給する存在という意味では、どんな大企業とも変わりはありません。

また、個人でやっているマッサージ師なども、経済学の言い方では、商品（サービス）を市場に供給する「企業」です。

◎「政府」と「外国」の登場

このように、「家計」と「企業」とが、商品市場と生産要素市場を通じて結び合っています。そして、それぞれ必要なものを需要しあい、また供給しあって、経済全体の循環を生み出しています。「家計」と「企業」とが経済社会を動かしているツートップということになります。

このほかに、あと２つの経済主体が登場してきます。１つは「**政府**」です。

「政府」の役割は、「家計」と「企業」だけにまかせていたら不正な取引きがおきたり財産のあんまりなかたよりが生じたりするので、そういった経済のゆがみを間に入って修正することです。ほかに、民間企業の手に負えない公共財・公共サービスの供給を代行する役割もあります（やりすぎると民業圧迫とか非効率な税金たれ流しとかで非難を浴びますが）。

また、景気の様子を診断して、不景気になれば自ら事業を起こして足りない需要を生み出したり、お金の流れを増やして経済活動を活性化させたりして、景気の状態を良好に保つことも「政府」の大切な役割です。

もう１つは「**外国**」（**海外部門**）です。日本と外国とは、国際貿易（輸出・輸入）によって商品のやりとりをします。国際金融ということで、お金のやりとりもします。

このやりとりまで考えにいれると、日本の国の中だけで経済の循環を考えるよりもずいぶん話が複雑になります。「政府」

が経済に対して行なう政策の効果についても、国内だけで考えたときとは違った予測が出てきます。

★市場には金融市場、労働市場というものもある★

市場は大きく商品市場と生産要素市場とに分けるのが普通です。事業資金も生産要素の一部ですから、事業資金を融通する金融市場は、生産要素市場の中に含まれているものとしてとらえることもできます。

しかし、経済社会における金融の役割を重くみて、生産要素市場とは分離して描く場合もあります。そうした方が、経済の循環における金融のはたらきがはっきりするからです。

労働市場も同じです。労働力も生産要素の１つで、労働市場は生産要素市場の中に含まれているものと考えられます。しかし、とくに失業の問題を考えるときには、労働力だけを取り出し、労働市場としてとらえることもあります。

商品市場、金融市場、労働市場の各市場相互の均衡メカニズムのなかに不況に至る原因があると説明したのが、ケインズの著した『雇用・利子・貨幣の一般理論』です。

経済の循環図

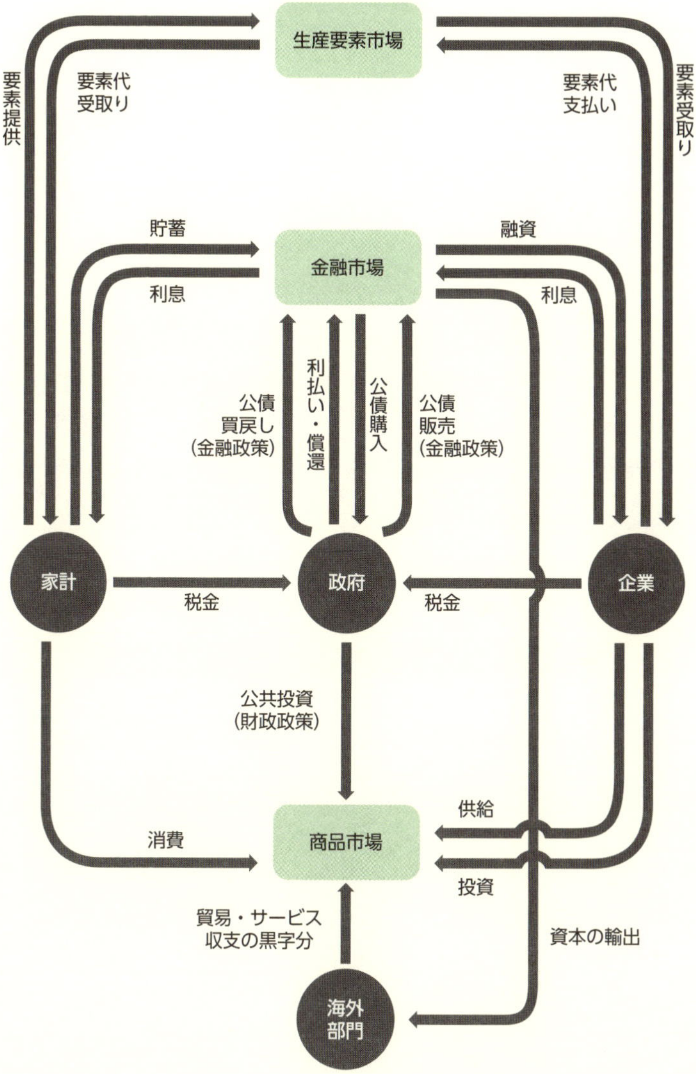
生産要素市場
要素提供
要素代
受取り
要素代
支払い
要素受取り
金融市場
貯蓄
利息
融資
利息
公債
買戻し
(金融政策)
利払い・償還
公債購入
公債
販売
(金融政策)
家計
政府
企業
税金
税金
公共投資
(財政政策)
商品市場
消費
供給
投資
貿易・サービス
収支の黒字分
資本の輸出
海外
部門

★「東京市場」は東京にない？★

外国通貨を交換しあう取引き――すなわち外国為替《かわせ》取引きの話になると、「東京市場」「ニューヨーク市場」などという「市場」がよく出てきますが、これも東京やニューヨークのどこかに特定の取引き場所があるのではありません。

外国為替の取引きは、主に銀行や、専門の外国為替ブローカーが行なっています。それなら「東京市場」というのは、東京で外国為替を取り扱っている金融機関全体のことか、というと、それもまた不正確です。そもそも外国為替の「市場」とは、世界中の取扱い金融機関を電子回線で結んでできたネット空間のことなのであって、どこそこの地域というものではありません。

それなら「東京市場」とはなんなのかというと、東京をはじめとする日本発の外為《がいため》取引きの注文がワッと増え、日本円中心の売り買いが盛り上がっている時間帯のことをいうのです。

銀行などで実際に取引きにあたるのは、そこに勤めているトレーダーです。外為取引きに何時から何時までという時間制限はありませんが、勤め人ですから就業時間中（朝８時ころから夕方６時ころまで）に大方の取引きを行ないます。日本時間に起きる盛り上がりこそが「東京市場」であって、同じく「ニューヨーク市場」「ロンドン市場」などが時差をおいて現れます。

市場はどうして「失敗」するのか

◎市場の調整機能は信用できない？

すばらしい調整機能をもっているはずの市場なのですが、どうやらオールマイティではないらしい…ということもわかっています。市場も「失敗」をすることがあるのです。

市場の優れた調整機能、最適配分能力を存分に生かすため、規制はなるべく少なくして、自由な競争を妨げないようにしないといけない、というのが、経済学の考え方でした。

といっても、実をいうと経済学もいろいろで、このように市場の機能に厚い信頼を置いた経済学は、アダム・スミスに始まる「古典派」系の経済学です。いまなお主流といっていいものではありますが、一方で市場の機能の不完全さを強調する経済学（ケインズ派）もあって、こちらも極めて有力な一派を形成しています（くわしくは後述⇒122ページ）。

現実の経済をみれば、市場の機能というものに疑問符をつけざるをえないような現象が数多くみられます。とても市場が社会の経済状態を最適なものにしてくれているとは信じられない事例がいろいろとあります。

◎市場は不況や失業を防げないのか

その最たるものは不況と失業です。市場の調整機能がそんなにすばらしいものならば、どうしてモノが売れなくてみんなが困ってしまう不況（しかも長くて深い大不況）が起き、失業が生まれるのか。市場にいいものを出せなくて売れないのならしかたありませんが、不況になると、いいものを出しても売れないのです。

——なにかのはずみで需要と供給のアンバランス（供給超過）が生じたとしても、市場に妙な規制が入らず自由競争が生きている限り、すぐに価格メカニズムがはたらいて需要が供給に追いつき、アンバランスは解消される。それはモノの需給についても労働力の需給についても同じなので、不況も失業もほどなく解消されるのだ、というのが経済学（ただし「古典派」）による見解です。

しかし、現実をみると、とてもそんなに調子よくいっているようには思えません。

◎不況と失業の発生は市場の失敗どころではない

この点は、「市場の失敗」どころか、その本質的欠陥なんだと、「古典派」経済学の天敵であるところの流派（ケインズ経済学）から指摘されているのです。

たしかに、これは経済学を２分するほどの大問題なのであって、「市場の失敗」どころの話ではありません。前置きが長くなってしまって恐縮ですが、この問題についてはあとでまた、項をあらためて説明することにしましょう。

「市場の失敗」3つの場合

◎市場が「失敗」する3つの場合

さて、たとえ市場が自由競争の状態に保たれていても、社会全体の経済状態が最適なものとはならないことを「**市場の失敗**」といいます（不況、失業は別の話として）。

市場の失敗の原因としては、次のようなことがあげられています。

①　**自然独占**

③　**外部性**

④　**情報の非対称性**

◎自然独占⇒独占のあとには値上げが待つ

①の**自然独占**とは、市場で自由な取引きをしているうちに、大きい会社がますます大きくなっていって、ついには競争相手をみんな市場から追い払ってしまうことをいいます。

一般に生産規模が大きくなると、原料費を大量発注で安く抑えられる、融資金も安い利率で借りられる、配送も宣伝も扱い高が大きいと値引きがきく…などなど、よろず割安に展開できるようになるものです。これを「**規模の経済**」（スケール・メリット）といいますが、それとは別の現象として、「**費用逓減《ていげん》産業**」のひたすらな拡大戦略というものがあります（「逓減」

とは、だんだん減るという意味)。

たとえば電力や鉄道、通信事業会社などは、当初には巨額の施設費（発電所や線路や通信回線）が必要です。しかし、いったん備えてしまえば、あとは生産量を増やせば増やすほどコストが割安になっていきます。

施設費は基本的に固定費（生産量が増えても増加しない）であり、生産増とはそれをただフル稼働させることですから、生産量を増やせば増やしただけ費用増に対する利益増の割合＝利益率が上がるのです。生産量を増やせば原材料費や人件費もそのぶんかさむ種類のビジネス（通常のモノつくり産業はそうです）と、そこが違います。

そうなると、そういう会社はなにをするでしょうか。ひたすらに生産拡大にまい進し、巨大化をはかることがひとつ（…もともと大きいのに、それでは足らず、あくなきメガ化路線をひた走ります)。

そして、ライバルがいるうちは、自分のところの利益率が上がったぶん、価格を下げる戦略をとります（ときに破壊的なほど)。そうしてライバル企業からシェアを奪い取り、あるいは新規参入を妨害します（後追いではとうてい成り立たないほどの低価格で)。こうして、放っておくと最後にはその１社のみが市場に残ることになります。

価格切下げ競争が行なわれているうちは、消費者はメリットを得るでしょう。しかし、１社独占が達成されたあとは、市場原理にしたがうならば、**独占価格**という割高な価格の押しつけが待っています。日本の電力料金や新幹線料金を思い出してみると、うなずけるものがありはしないでしょうか（ただし、電気代は公共料金扱いで政府の値上げ規制がかかっていますし、鉄道の場合は航空機やバスとの競争がありますから、好き放題の高値にはなっていませんが…）。

ともあれ、「費用逓減《ていげん》産業」をなんの規制もなく放置していると、このようなことで市場機能にゆがみが生じるのです。

◎外部性⇒公害のツケを被害者に負わす

「市場の失敗」その②は、**外部性**というものです。

外部性とは、ある経済主体（たとえば企業）の行動が、市場での取引きを介していないのに、ほかの経済主体（たとえば家計）に影響を与えることをいいます。

…などと聞いても意味不明でしょうが、たとえば外部性の例として**公害**があります。これは、社会に悪い影響をもたらす外部性の例です。そういった悪い外部性のことを、「**外部不経済**」と呼んでいます。

公害を出している企業は、本来ならその処理費用（技術的な改善費や周辺住民への補償費）を生産費用に乗せなければならないはずです。それなのに、その費用（**社会的費用**）を計上しないで生産をしているとすると、本来可能な生産量よりも多く生産していることになります。社会的費用の負担を避けている分だけ、よけいに生産費を使えていると考えられるからです。

そのように、市場の外で経済的な効力が誰か（公害企業）に生じると、その誰かが今度は市場の中で取引きをするときに、市場のメカニズムからははずれた動き（できないはずの生産）をしてしまうので、市場の機能がゆがむことになるわけです。

★外部性には「いい外部性」もある★

外部性には、いい効果をもつものもあります。

たとえば、インターネットや携帯電話回線が普及し、加入者が増えれば増えるほど、もとからの加入者の受ける便益も増大し、ビジネスチャンスも生まれます。もとからの加入者は、加入者増大のためにコストを払ってはいないのに、市場の外部から「いい効果」を受け取れていることになります。

ほかにも、新駅ができることで駅周辺の地価が上がったり商店街が活性化したりするとか、義務教育に英会話やパソコンの授業がとり入れられることで関連する事業に新規の需要が生まれる、などといった例もあります。

これらのことが「市場機能をゆがめる」と聞けば奇妙に思われるでしょうが、コストとリターンの関係だけをみれば、たしかに通常の市場では起きないはずのことが起きているのです。

◎情報の非対称性⇒疑心暗鬼が失敗を呼ぶ

「対称」とは、２つのものが向き合ってつりあいのとれた位置やかたちになっていることです。だから「**情報の非対称性**」とは、取引きの当事者の一方に商品情報がかたより、つりあいがとれていないことをいいます。商品の売り買いでいえば、商品情報を持っているのは売主で、情報のないのは買主であることが普通です。

売主と買主との間に情報の非対称性があると、「**逆選択**」と呼ばれる市場の失敗が生じてしまいます。

どういうことかというと、情報量が多い売主は、少ない買主の弱みにつけこみ、粗悪品を優良品と称して高く売りつけようとします。

もちろん、本当にそうと決まったわけではなく、正直な売り手だって多いのです。しかし、買い手の多くは情報の格差には気づいていますから、売り手がだますつもりだとまでは考えなくても、さて、いくらくらい吹っかけてくるか、と疑心暗鬼を生じさせているわけです。そして、本当は悪くない買い物であっても、それなりの値段では取引きに応じなくなります。

◎疑心暗鬼のスパイラルが発生

たとえば、中古車の売買で、売り手が100万円の値段を提示したとします。そのとき、商品情報に乏しい買い手は、こう考えます。

「100万円を提示したということは、100万円の値打ちはないわけだな。いくら値引いたところが売り手の本音か……」

そして、「80万円なら考えるけど」と、探りを入れてみます。このとき売り手が「いいですよ、売りましょう」と言ったら、買い手はまたそこで「この車に80万円の値打ちはない」ことに気づかされることになるわけです。

◎「レモン市場」は粗悪品だらけ

こうして、相手が「売りましょう」といったら、そのつど言い値ぶんの値打ちはその車にないことがわかってしまうわけですから、いつまでたっても買い手が「買う」という場面はやってきません。取引きが成立するとすれば、最後の最後に、さすがにこれ以下はない、というジャンク値段になったときだけ。

売り手も、せっかくお買い得品を出しても売れないのだから、はじめから粗悪品しか出さないようになります。

こうして、「情報の非対称性」がなければ行なわれていたはずのまっとうな取引きが、買い手の疑心暗記のせいで行なわれなくなるのです。取引きが成り立つものは、最初から「安かろう悪かろう」が前提の粗悪品ばかり。

そういう市場が「**レモン市場**」です（レモンとはアメリカの俗語で「しょぼい中古車」）。そして、そこで生ずる現象を、通常は良いものが選ばれるはずの市場という場所で真逆の事態が起きることから「逆選択」と呼ぶのです。

第4章

…経済学の誕生、そしてその後……

econo  mics

アダム・スミスが「経済学」を生んだ

◎「見えざる手」の発見

体系だった経済学というものを生み出したのは**アダム・スミス**だと言われています。アダム・スミスは18世紀に生まれて死んだイギリスの思想家であり経済学者です。

彼はその著書『**国《こく》富《ふ》論《ろん》**』(1776年…アメリカ独立の年に初版刊行)のなかで「**見えざる手**」という言葉を使いました。

人々が社会をよくしようなどとは考えもせず、ひたすら自分の私利のためにはげむ経済行為こそが、「見えざる手」に導かれて社会の富を最大にする。そして政府はよけいな規制や干渉はもちろん、保護すらもやめて、できるだけ市場がもつすぐれた調整機能のじゃまをしないようにせよ、というのがその本の主張です。

「**市場主義**」「**経済自由主義**」と呼ばれるその考え方は、現代に至っても個々の事業家の活動から国家の政策までを支え続けています。そういうことから、経済学の生みの親はアダム・スミスだと言い切っても、あまり反対は出ないのではないでしょうか。

◎「古典派」を生んだのは後世の論敵？

アダム・スミスに始まり、追随者たちによって発展した経済

アダム・スミス
1723〜1790

学は**古典派経済学**と呼ばれています。

「古典派」（クラシカル）というのは、要するに古めかしいという意味で、のちに異説を打ち立てた理論家（マルクスやケインズ）が論敵に揶《や》揄《ゆ》をこめてつけた名前です。

しかし、その「古めかしい」経済学は、なかなかどうしてたいしたものなのであって、そう呼ばれた当時にバリバリの主流派であったばかりか、現代に至ってもちゃんと命脈を保っています。いや、そんな心細そうな印象を与える言い方は適当でなく、いまなお特等席に腰をすえているとさえいっていいようなのです。

◎富といえば金銀の時代

アダム・スミスの生きた時代は、世界（とりわけ先進地域としてのヨーロッパ）の大変革期でした。旧来の封建制秩序が崩れていき、キリスト教支配による宗教上の縛りもゆるみ、さらに新大陸（アメリカ）やインドへの進出（侵略？）によって貴金属と資源がヨーロッパになだれこんでくるようになっていました。

この時代、富といえば金銀を指すのが通り相場でした。また、とにかく貿易で黒字をためることが国を富ませる道だとの考え方が主流で（**重商主義**）、輸入に高額の関税をかけたり、安く仕入れ高く売りつけるための植民地獲得に地道をあげたりすることがまかり通っていました。政府と政商との癒着《ゆちゃく》もはなはだしかったといいます。

◎通説に突きつけたカウンター理論

そんな時代の通念、通説に対して、アダム・スミスは、国富というものは国内にある金の量などによって決まりはしない、ただ労働によって新たに生み出された価値――生産物によってのみ蓄積されるものだ、と唱えたのです。

そして、分業と交換による生産性向上こそが経済を発展させ国を富ませるものであることを強く指摘しています。

これは国のなかの取引きばかりではなく、国際間の貿易においてもいえることだとアダム・スミスは考えます。それゆえに、せっかく双方にメリットのある国際間の貿易――国境を越えた分業と交換のシステムを、関税をかけて妨害するなどもってのほかだと主張したのでした。

アダム・スミスのこの考え方は、やはりイギリスの経済学者である**リカード**が引き継ぎ、貿易の比較優位論として精密に仕上げていきました。

デヴィッド・リカード
1772～1823

◎変革期には不安と懐古がつきもの

『国富論』の刊行当時――18世紀後半のイギリスは、綿織物の国内生産が軌道に乗り、画期的な新型織り機の発明があいついで、まさに産業革命の炎が燃え上がっていく時期でした。

このような大変革期には、さあ新しい時代がきた、チャンスだ！…と喜ぶ人ばかりではありません。むしろ、きっとなにかよくないことが起きる、昔のままに静かに時が流れていく暮らしがいいのに…と不安にかられ、変革以前を懐かしむ人の方が多いのが古今東西、世の常というものです。

とくに、アダム・スミスの時代には、まだまだ封建的な秩序、宗教的な戒律《かいりつ》を重んじる気分が人々の気持ちの中に強く残っていました。封建的な秩序とは、生まれついての身分が固定化し、農民の子は農民、職人の子は職人、生まれた土地で生まれながらの人生を生きる――決められた仕事をきまじめにこなし、身の丈《たけ》に応じた慎ましい暮らしをし、仕事を引き継がせる子供をつくり、そして死んでいく、というものです。宗教的な戒律とは、ひたすらに神を敬い、個人的な欲望は抑え、必要以上のお金もうけはしない、というものです（キリスト教では、お金をもうけすぎた人は天国へ行けないとされています）。

◎『国富論』は新興事業主の心の支え

こういう時代に、お金をためこみ、そのお金で事業を起こして､何倍ものお金をもうけ始めた人がいたらどうなるでしょう。

お金がどんどんもうかるからといって、現代のように「さあきた､イケイケ！」とはなりにくい社会全体の気分があります。ほかの人からストレートに賞賛されることにはならないでしょうし、そういう行為は世の中の秩序を乱すことではないのか、神の怒りにふれることではないのか、という疑念を、自分も他人もぬぐうことが難しかったはずです。

欲望にかられた人々が、社会全体のことを考えもせず、ただ自分の利益のためだけに事業をし、お金を稼ぐということをしていれば、世の中はすさみ、やがて滅びに至るだろう、というのが、当時の伝統的な考え方、通念といえるものです。

アダム・スミスは､そのような通念に対して､はっきりと「それは違う。欲望にしたがった各人の利得行為こそが、集まって国を富ませ、社会に最善の効率と福利をもたらすことになるのだ」とはげましたのです。彼の『国富論』が、新興の事業主たちに熱狂的に迎えられたのはあたりまえのことだったのです。

economics

「限界革命」で「新古典派」が生まれた

◎3人同時の「限界革命」

アダム・スミスに始まる古典派経済学が、現在もなお経済学の主流の座にあると前に述べましたが、もちろんアダム・スミスがその道徳観（額に汗する労働こそ尊い）にもとづき直感的にのべたままに、というわけではありません。その内容は多くの後継者たちによって深められ、洗練されていきました。

とりわけ、19世紀後半（1870年代）に、**ウィリアム・ジェボンズ**、**カール・メンガー**、**レオン・ワルラス**という３人の経済学者たちが「**限界効用**」理論をほぼ同時期に独自に生み出して、古典派経済学は一気に科学的な装いをととのえます。

数学の微分法《びぶんほう》を駆使して組み立てられた消費や生産の市場均衡理論は、アダム・スミスが示唆《しさ》した「見えざる手」の存在を、目に見えるものとして描きだしてみせたのでした。

ついに神の摂理《せつり》が数式と論理によって解き明かされてここにある――と当時の人々は感じ入ったことでしょう（ただしその方程式が理解できる人に限られるので、人数はそんなに多くなかったでしょうが…）。

◎「古典派」が「新古典派」になった

消費者の「限界効用」（１単位ほど消費を増やしたことで得

レオン・ワルラス
1834〜1910

られる効用の増加分）、あるいは生産者の「限界収益」（1単位ほど生産を増やしたことで得られる収益の増加分）といった「限界（marginal）」概念を用いながら実に厳密に市場の均衡を解析してみせる方式は、古典派の流れのなかにあっても、それ以前の多分に直感的、情緒的な論述とは違った革新的なものとしてとらえられました。それで、限界理論の登場を指して「**限界革命**」と呼び、その理論を駆使する経済学を従前の古典派とは区別して、「**新古典派**」（ネオ・クラシカル）と呼ぶならわしになっています。

◎ブルジョアジーの時代にマッチ

この世界は決してでたらめに、放漫にできているのではなく、秩序だった均衡《きんこう》へと向かう構造を、神様がちゃんと作ってくれている（神の存在は信じられない人でも、この世界がなぜだか実によくできたしくみになっていることは数学的証明によって理解することができる)。そして、人々が自分の欲望を満たすためにする利益追求行為は、社会を乱れさせるどころか、最大限の調和と繁栄をもたらすところのものである……という考え方。それは、おりからの産業資本の膨張、ブルジョアジーの勃《ぼっ》興《こう》という時代相に完全にマッチしたものでした。

だからといって、古典派、新古典派の理論家たちが時代の流れに乗っかるつもりだったということにはならないでしょう。ただ、多かれ少なかれ、彼らの理論形成が当時の時代の気分といったものに後押しされてのことだったのは確かだろうと思われます。

◎「価値」を生み出すものはなにか

「限界革命」は、商品の価値はいったいなにによって生じるのか、ということについての考え方をひっくり返した「価値革命」でもありました。

どういうことかというと、それまでは、商品の価値は、それに注ぎこまれた人間の労働によって生み出される、という考え方が支配的だったのです。アダム・スミスやデヴィッド・リカードといった古典派経済学の中心人物たちも、この**労働価値説**を支持していました。

労働価値説では、商品を生み出すために投下された労働の量でその商品の価値を決めるのです。そうすると、やろうと思えば客観的にその価値の量を測定することができます。そして、その商品に消費者が満足しようがしまいが、投下された労働量が多ければ価値の高い商品ということになるわけです。

◎「消費者が王様」の時代がきた

これに対して、限界効用理論のなかでは、商品の価値はあくまで消費者が心の中で感ずる満足（効用）の度合いによります。

消費者がその商品から得られるであろう効用を自分自身ではかり、値段がいくらまでなら購入してもいいかを決めます。効用の大きさをはかれるのは自分だけで、他人と比較できる客観的な測定はできません。

消費者が決めて支払ったその値段が、その消費者にとっての商品の価値なのであり、その価値を決めうるのは本人だけです。いくら商品の作成に手間ひまがかかっていようと、いらないものはいらないし、つまらないものはつまらないので価値はゼロなのです。

こう見てくると、「生産者が王様」から「消費者が王様」に価値感が転換していることがわかります。

アダム・スミスたち古典派が労働価値説をよしとしていた18世紀後半から、「限界革命」の起きた19世紀後半までに、商品経済がずいぶんと発達し、消費者の選択の幅が広がって好みの多様化が進んだものと思います。そのことが、こういう価値観の転換をうながしたのかもしれません。

マルクスによる異議申立て

◎豊かになるのは資本家だけ…？

しかし、このまったく見事な新古典派の均衡理論の完成も、めでたしめでたしで終わるわけにはいきませんでした。

古典派・新古典派（というのは後世の呼び方で、当時としては最先端の主流派）の面々が、世の中は各人が自分の欲望に従って利益を追求することにより、全体としては自動的にどんどん豊かになる、とありがたい世界観を披露《ひろう》してくれたわりにはどうも世間のようすがおかしいのです。

たしかに、社会（イギリスなど欧州の先進地域）を全体としてみれば、生産性は向上し、富の蓄積も進み、豊かになっていることはまちがいありません。なにしろ産業革命のまっただなかです。ただ、それは一握りの経営者や投資家（産業資本家）がどんどん金持ちになっていくだけのことで、汗水たらして働いている大多数の人々は食うや食わずのままではないか…と、問題意識の高い人たちは事態を見つめていました。

◎元祖ワーキング・プアの激増

たとえばイギリスの田舎からロンドンに出てきて工場勤めをする人は、働けど働けど貯金もできない、自分の家を持つどころか家族を養うことさえ難しい。その程度の収入（賃金）しか

カール・マルクス
1818〜1883

労働者は働くことによって得られませんでした。いまの言葉で言えば、ワーキングプアーがちまたにあふれ、格差社会がどんどん拡大しているという状況です。

人間は、たしかにかつての封建制《ほうけんせい》の鎖《くさり》は脱したかもしれないけれど、それで自由になれたわけではない。経済力の絶対的な格差が人々をしばっている。その格差はますます拡大を続け、やがて固定化されて階級を生む。なんのことはない、古い鎖が新しい鎖につけかえられただけじゃないか……。

そういう資本主義社会に対する見方を、マルクスは**『資本論』**という本にまとめました。

◎資本主義は必ず崩壊する…？

『資本論』は、1867年に第１巻が刊行され、第２巻、第３巻はマルクスの死後、生涯の親友で支援者であったエンゲルスの編集によって刊行されました。

『資本論』には、資本主義の矛盾と必然的な自己崩壊過程が描かれています。

フリードリッヒ・エンゲルス
1820〜1895

労働者は労働によって商品に価値をこめるが(この点は古典派経済学と同じ労働価値説)、その価値と同等の賃金を得ることはできない（これによって資本家が受け取る差益が「**剰余価値**《じょうよかち》」で、受け取ることが「**搾取**《さくしゅ》」)。しかし、資本家は市場で激しい競争にさらされ、勝ち抜くためにますます資本の蓄積――人件費をはぶくための機械化を迫られる。それは資本家を富ませている剰余価値（資本家のもうけ）の資本（投資コスト）に対する割合（**搾取率**《さくしゅりつ》）を引き下げることにほかならない。この矛盾によって恐慌と失業が必然のものとなり、がまんの限度を超えた労働者たちによって資本主義的私有を終わらせる**共産革命**が達成される――これがマルクスの描く資本主義の未来でした。

古典派経済学は、新興の資本家たちのために、人々の利己的な利益追求の営みによって自律的に調和し繁栄するパラダイスとして資本主義社会を描いてみせたのでしたが、マルクスはそれを必ず自己崩壊に至るものとして転倒させてしまったのです。

経済学をひっくり返した「ケインズ革命」

◎革命の書『一般理論』

さて、経済に関する古典派の考え方にダメ出しを突きつけた人として、マルクスに負けないくらい重要な人がもう１人います。**ケインズ**というイギリスの経済学者です。

ケインズは、奇しくもマルクスが亡くなったその年に生まれました（1883年…マルクス死去は３月14日、ケインズ出生は６月５日）。そして、1935年に刊行した**『雇用・利子・貨幣《かへい》の一般理論』**という本の中で古典派（これから「新古典派」も含めて「古典派」と呼びます）の考え方とはまったく異なる新しい理論を展開し、それまでの定説をひっくり返してしまいました。その影響の大きさは、まさに学問上の革命といえるほどで、実際に後世、「**ケインズ革命**」と称されることになりました。

世の中に「一般理論」と名のつく本や論文は数多くありますが、経済学の分野で「一般理論」といえばケインズの『雇用・利子・貨幣の…』を指すものと相場が決まっています。それくらいインパクトがあり、世界中で読まれた――いまもなお読まれ続けているということです（ただし、革命的といえるほどの理論書にはありがちのことですが、原著の記述はそうとうに難解で、出版当初は経済学の専門家でも真意をくみ取るのに骨が折れたそうです）。

ジョン・メイナード・ケインズ
1883〜1946

◎古典派は大恐慌になすすべなし

ケインズが『一般理論』によって古典派にダメ出しをした、というのは、こういうことです。

この『一般理論』の出される数年前から、世界は空前の経済恐慌《きょうこう》に見舞われていました。1929年10月24日、ニューヨーク・ウォール街の証券取引所で株価の大暴落が起き、あっというまにパニックは世界中に波及して、のちに「世界大恐慌」と呼ばれるほどの深く長い同時不況を引き起こしました。株価暴落の当日はアメリカの木曜日にあたっていたので、1929年10月24日を指して「暗黒の木曜日」(ブラック・サーズデー)と呼んでいます。

経済学の役割は経済現象を解明することなのですから、大恐慌のような経済現象についても、「原因はこうで、こうすれば事態を改善できる」と処方せんを出すことが期待されて当然です。しかし、当時の主流派経済学――「一般理論」の中でケインズに「古典派」（古くさい学派）と呼ばれた経済学は、この大恐慌という事態に対して、なんら有効な手を示すことができませんでした。

◎古典派の処方せんはお気楽すぎ？

そもそも古典派理論の基本といえば、政府はよけいな干渉はせず、市場の調整にまかせていれば経済はうまく回っていく、というものなのです。うまく回るはずのことが、たまたま何かのはずみでうまくいかなくなっているけれども、時間がたてば市場の調整力がはたらいて、経済は元どおりの均衡を取り戻すであろう、というのが古典派による診断結果となります。

古典派の診断を聞いて、「それはよかった」と安心する人がいるでしょうか。まさにいま倒産や失業に見舞われている人はどう感じるでしょうか。お気楽すぎて声も出ないというのが正直なところでしょう。

◎「見えざる手」ははたらいていても……

かといって、古典派の診断はまちがいだと決めつけるわけにもいかないのです。時間がたてば、たしかに市場の力によって事態は終息を迎えたに違いないでしょう。この市場のすぐれた調整能力については、さしものケインズも否定しようとしていません。ケインズ後のどんな最新経済学でも同じです。アダム・

スミスが18世紀に指摘した市場の力――「(神の) 見えざる手」の存在は、現代に至るも疑いえない不滅の定理として認められています。

問題は時間なのです。会社がバタバタ倒れ、銀行が扉を閉ざし、失業者が街にあふれている状況を眼の前にして、4、5年もたてば必ず終わると保証してもらったところで何の役に立つというのか。悲惨な状況をすぐに改善できないのなら、経済学とはなんという無用の長物であることか……。

◎古典派理論は無用の長物……？

もちろん、学問の値打ちは実用性にばかりあるわけではない……ということも多くの人の認めるところではあります。それよりなにより、そもそも古典派の理論は立派に実用性を発揮した（現にしている）といってもはばかりはないでしょう。

その理論は、自由な市場のすぐれた機能を立証し、事業家の活躍をはげまし、多くの国の政策を規制撤廃、貿易振興へと導きました（いまもなお最有力の政策論として生きています)。そうして世界の経済規模を大きくし、富の量を増やし（所有のかたより、独占の弊害、なにより恐慌の発生といった副作用が問題ではありますが)、全体としていえば人間の福利を高めたことはまちがいありません。無用の長物とはあまりな言葉です。

しかし、その古典派の理論が、世界大恐慌の現実を前にして、まさしく無用の長物扱いを受けたのでした。

ケインズがマクロ経済学を生んだ

◎「大きい経済学」と「小さい経済学」

ケインズの生み出した経済学は「**マクロ経済学**」という呼び名で呼ばれます。そうすると、それまでの伝統的経済学は、その反対で「**ミクロ経済学**」ということになるのでしょうか。

マクロ（macro）とは「大きい」、ミクロ（micro）とは「小さい」という意味です。「大きい」経済学（Macroeconomics）と「小さい」経済学（Microeconomics）というジャンル分けは、いまもなお経済学の世界で通用しています（ただし両者を１つの体系に統合しようとする試みが多くの研究者によって続けられていますが）。

それにしても、いったいなにがマクロで、なにがミクロなのでしょうか。

◎個別の選択と行動がミクロ経済学の焦点

「小さい」経済学――ミクロ経済学が焦点をあてるのは、個別の消費者（家計）や生産者（企業）の選択と行動です。「個別の人間」「個別の企業」という、社会全体からみれば小さなもの（経済を成り立たせている最小の単位）のとる行動を見極めることで説を立てているので、「小さい（ミクロ）」という言葉が冠されているわけです。

ミクロ経済学では、商品の価格と需要量・供給量との関係をとりあげ、もっとも効率的な（効用や利潤が大きくなる）消費や生産の選択のありかたを分析します。ある人がどのような消費行動をとれば最大の効用を得られるか、ある企業がどのように生産物の値段や生産量を決めれば利潤を最大化できるのか。そして、その結果として、世の中に存在する希少な資源がどのように最適に配分され、社会全体に最大の功利をもたらすのか――要するにアダム・スミスの指摘した「見えざる手」の仕事ぶりを理論的につきとめるのがミクロ経済学の目的です。

◎マクロとは「国レベル」の意味

一方、ケインズは、世界が大不況、大失業の事態に直面したとき、それをなんとかしようとして新しい経済理論を発表しました。ミクロ経済学のように個別の消費者や企業の行動をまず対象にするのではなく、最初から社会全体としての総需要、総供給、物価水準などを取り扱い、１つの国全体としての経済の動きを分析するのです。それゆえに「大きい（マクロ）」という言葉が冠されているわけです。

ミクロ経済学では必ずしも明らかにならない１国全体の経済の大きさ、生産と所得の決定メカニズムを筋道を立てて解き明かすことが、マクロ経済学の主要な目的となります。ミクロ経済学のいうとおり市場が均衡するのなら、どうして労働市場では供給過剰（＝失業状態）が生じたままになってしまうのか、ということがマクロ経済学最大のテーマです。

マクロ経済学の多くの部分は、ケインズが考え出した理論と、その後にケインズの追随者が発展させた理論によって成り立っています。ケインズの経済学がマクロ経済学のすべてというわけではありませんが、マクロ経済学を川にたとえれば、その源流となっている湖――川全体とくらべても存在感の際立つ巨大な湖がケインズの『一般理論』だといえるでしょう。

◎現代に至るも経済学界のビック・ツー

このように、マクロ経済学はケインズ、ミクロ経済学はアダム・スミスがそれぞれの始祖であり、以後の発展の源流であるわけです。

しかも、それは「偉大だったが引退ずみの創始者」といった扱いではなく、21世紀の現代に至るも、ベースとなっている発想や理論の根幹部分は生き生きと息づいており、２人の御大《おんたい》は立派に現役をつとめておられるというすごい話なのです。

現代においても多くの政策論争は、アダム・スミス的な自由主義か、ケインズ的な積極介入主義かをめぐってとりおこなわれます。上で述べたように、近年、両者を統合する研究が進んできて、ミクロ、マクロという分け方は意味をなくしつつあるともいわれていますが、それにしてもなお、この２人は経済学を二分する流派のビック・ボスであり続けているといっていいでしょう。

「マクロ経済学」と「ミクロ経済学」の違いは？

◎ミクロ経済学は理論に終始？

ミクロ経済学は個別の経済主体の行動――家計の消費や企業の生産を分析の対象とし、それらの行動を社会全体で集めた結果としての総需要と総供給を考えます。

しかし、これはあくまで理論のなかで、モデルのパーツとして取り上げるということであって、実際に個々の経済主体にあたって需要を調べ、供給を調べ、それを集計して現実の数字を明らかにするようなことはしません。集計したデータによって経済総体のようすを診断し、政策を処方するということはミクロ経済学の念頭にないのです（基本的には、なにもしないで「見えざる手」にまかせるべし、という考え方なのですから）。

あくまで個々の経済主体の合理性、効率性のあり方を理論として詰める、というのがミクロ経済学のやり方です。方程式と図解で見事に示される理論の美しさこそがミクロ経済学の真骨頂です。結果、社会全体としての効率性や厚生の大きさについても「理論的にはこうなるんだがね」…というかたちで出てきて、現実世界への応用はそっちのけみたいなところがあります。

◎マクロ経済学の意義は「役に立つこと」？

これに対して、マクロ経済学のやり方では、まっ先に家計や企業の行動に関するさまざまな統計データを集め、それを集計して経済全体の状態を明らかにします（これを**国民経済計算**＝**SNA**：Systems of National Accountsといいます）。個別の経済主体の合理性、効率性うんぬんではなく、いっさいがっさいまとめた全体状況のよしあしを見極め、悪いところがあれば治療にあたる、というのがマクロ経済学の目的だからです。

「理屈より結果！」というイケイケ営業みたいな感覚では決してありませんが（マクロ経済学もちゃんとした理論体系である点ではミクロ経済学に負けませんから）、マクロ経済学が大恐慌への処方せんとして登場してきたいきさつからしても、経済学は理論倒れじゃだめで、役に立ってなんぼだ……という意識は創始者たるケインズの中に色濃くあります。すぐに効き目のある治療をほどこさなければ患者は死んでしまう、というのが失業者の群れを前にしたケインズの実感でした。

◎ケインズは「ガッツ」を重視

ケインズは経済を発展させるものとして「**アニマル・スピリッツ**」という事業家のやる気が大切だと『一般理論』の中で述べています。ミクロ経済学のように理論に始まり理論に終わるような冷めた趣ではなく、「いろいろあるけど最後はガッツだ！」という、理論を超越した精神論じみた要素がケインズの創始した経済学――マクロ経済学のなかにはスパイスのように含まれています。

国民所得は「付加価値」の合計

◎GDP＝国内で生み出された「付加価値」の合計

マクロ経済学が扱うデータは、個別の家計や企業についてではなく、国全体でまとめたものということでしたが、もっともよく使われるものとして**国内総生産**（**GDP**：Gross Domestic Product）があげられます。

国内総生産とは、１年間にその国のなかで産み出された**付加価値**をぜんぶ足し合わせたものです。それなら「付加価値」とはなんだというと、たとえば小麦粉を原料に使って売り物のパンを作ったとき、原料にかかった代金とパンの代金（当然こちらが高い）との差額が「付加価値」です。原料にいろいろな「価値」（手間とか技術とかアイデア）を「付加」したからこそ値段をかさ上げできるのであって、その差額分が「付加価値」なんだというわけです。そして、その付加価値を金額でいくらと値づけしたものの総計が、最終の生産額となります。

◎パンをつくる例でGDPを集計してみると…

たとえば、１つの国のなかの生産過程をものすごく単純化して、小麦を作る農家と、製粉業者と、パンの製造会社と、パンの小売り店だけがあることにします。そうすると、その国のGDPは、次のような図で表されます。

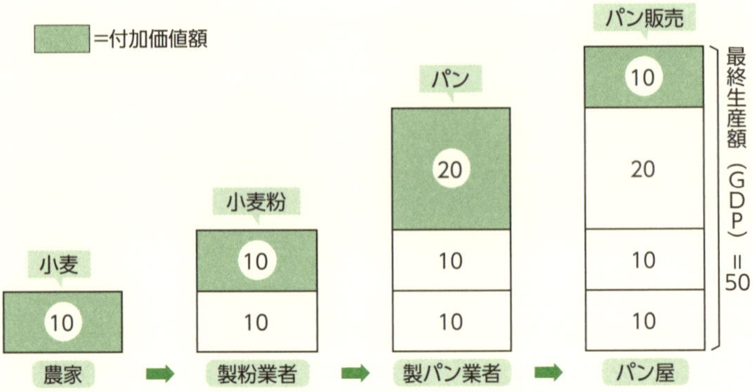

まず、農家で小麦をつくります。農家はつくった小麦を製粉業者に10の値段で売りました（生み出された付加価値＝10で、これがこの農家のもうけになります）。

製粉業者は、買った小麦を機械にかけ、自分もいろいろ手間働きをして小麦粉にします。そして、これを20の値段で製パン業者に売りました（加わった付加価値＝10で、これが製粉業者のもうけになります）。

製パン業者は、買った小麦粉をパンに加工します。このとき加えた自分の手間、工場設備の使用、従業員の労働という付加価値分を値段に乗せて、製パン業者は作ったパンを40の値段でパン屋さんにおろします（加わった付加価値＝20で、これが製パン業者のもうけです。自分の受取り分のほか、従業員への給料、会社の利益積立て、銀行に払う利子などに振り分けられ、それぞれのもうけになります）。

パン屋さんは、そのパンを店に並べてお客さんに売ります。その店舗施設の使用、店員の労働、自分の手間も入れて、50の値段でパンを売りました（加わった付加価値＝10で、これがパン屋さんのもうけになります。これも製パン業者と同じく自分自身や店員などの所得として振り分けられます）。

以上から、この国の国内総生産（GDP）は、生み出された付加価値ぜんぶの合計で50になることがわかります。

付加価値だけを足していくのは、同じもの（たとえば最初の農家の小麦の生産額10）を何度も重ねて足さないようにするためです。新しく生み出されたものだけを図の右方向に足していって、最終の生産額としなければなりません。

◎「3面等価の原則」が成り立つ

さて、上でした計算は、この国で生産した総額がいくらになるか、ということでした。その総生産額は、この国で得られた所得の総額（**国内総所得＝GDI**：Gross domestic income）に等しく、この国でなされた支出の総額（**国内総支出＝GDE**：Gross domestic expenditure）にも等しくなります。

つまり、GDP＝GDI＝GDEとなるわけです。３つのものが等しいので「**３面等価の原則**」と呼ばれています。

ただ、３つとも等しくなるなんてすごい、という話ではなく、同じものを３つの方向から見ているだけなので、等しくなるのはあたりまえなのです（だから「３面」の「等価」です）。

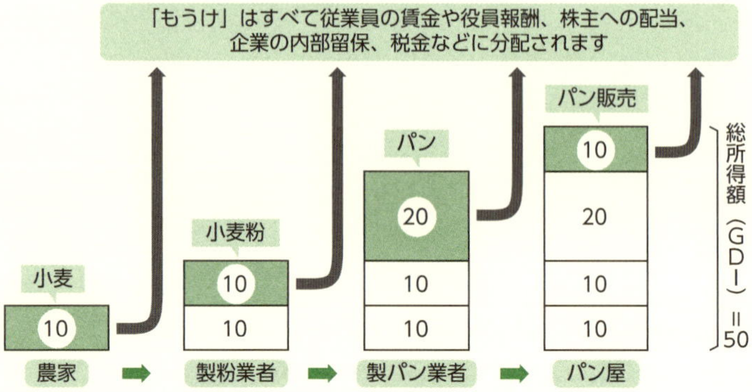

上の図で、国内総生産（GDP）を出すには、それぞれが生み出した付加価値額を右にぜんぶ足していきました。国内総所得（GDI）も、それとまったく同じものなのです。ただ、その付加価値額を生産額としてではなく、それぞれのところで得られたもうけとしてとらえます。そして、そのもうけは、それぞれのところで雇われ人がいれば給料として支払ったり、経営者であれば役員報酬をもらったり、会社の利益として留保したり、あるいは税金（政府のもうけ）として支払ったりと、各所に分配していきます。分配するということは誰かの所得になるということですから、その総計を国内総所得と呼ぶのです。

◎「付加価値」への支払い額の総計が国内総支出

国内総支出（GDE）はどうでしょう。これについては、同じ図を、これまでとは逆に、左にさかのぼります。

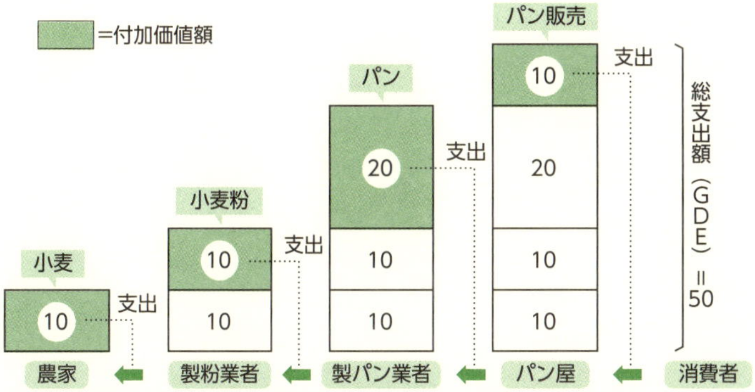

この国の国内総生産（GDP）は50というのが、最初の計算で出てきました。また、GDPの額は新たに生み出された付加価値額の総計ですから、それをもうけとみたときの分配総額が国内総所得（GDI）＝50となることもわかりました。

国内総支出（GDE）は、いちばん右に現れた消費者から始めます。消費者は、最終生産物であるパンを購入し、50という額の支出をします（次ページコラム参照）。パン屋さんは、40という額のパン代を製パン業者に払いました。製パン業者は製粉業者に20を、製粉業者は農家に10を払っています。

これを全部足したらこの国の中で行なわれた支出の総額になるかというと、違います。たとえばパン屋さんがパン製造業者に支払った額を40としてしまうと、すでに製パン業者が製粉業者に払いずみの20を重ねて計算してしまうことになります。このような二重計算をしないためには、総生産額を出すときに付加価値の部分だけを右向きに足していったように、こんどは新たに生まれた付加価値について支払った額だけを左向きに足していかなければなりません。

そうすると、消費者はパン屋に10を払い、パン屋は製パン業者に20を払い、製パン業者は製粉業者に10を払い、製粉業者は農家に10を払ったことに計算上はなります。このように国内総支出（GDE）についても付加価値額を足し合わせた額＝50ということになり、この国の支出面からみたGDEは、生産面の総額GDPとも、分配面からみたGDIともまったく等しいものということがわかるのです。

★最終生産物が売れ残ったら？★

前のページで、国内総支出（GDE）を計算するとき、最終生産物であるパンを、消費者がぜんぶ買い切る前提で話が始まりました。しかし、現実には、商品がぜんぶ売り切れるなんてことはなかなかありません。パンに限らず、テレビでも自動車でも、みんなそうです。

これは統計の取り方に約束ごとがあって、売れ残りが出たら、生産者が自分で買った扱いにしてしまうのです。ですから、数字の上ではGDE＝GDPとなるのがあたりまえなのですが、実態をみると、そううまくはいかないことになります。

★GDPとGNPの違いは？★

GDP（国内総生産）は90年代以降に普及したもので、その前は、１国の経済規模を表す指標といえばGNP（国民総生産：Gross National Product）でした。違いはというと、GDPに「海外からの所得の純受取り」を加えたらGNP、という関係です。なお、現在、GNPはGNI（国民総所得：Gross National Income）にかわっていますが、内容はほぼ同じです。

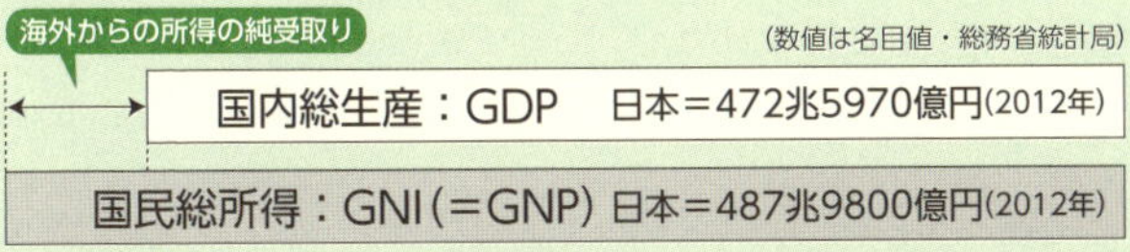

「海外からの所得の純受取り」とは、日本人が外国で働いて得た所得や、海外資産から受け取る利子・配当所得から、日本で同様に稼いだ外国人の所得を引いたものです。日本は対外資産が多いので、GNP（GNI）の方がGDPよりもかなり大きくなっています。

日本国内での外国人の稼ぎは日本のGDPに入ります（GNPには入らず）。反対に日本人の外国での稼ぎは日本のGDPには入りません（GNPには含める）。

＊この場合、日本人とか外国人とかいっても、国籍は無関係。日本に居住していれば日本人、外国に居住なら外国人の扱いとなります。米国居住のイチローの稼ぎは、日本のGDPはもちろんGNIにも含まれません。外国での稼ぎが日本のGNIに含まれるのは、日本人（日本居住者）が米国でコンサートをやったような場合です。

ケインズ経済学は失業解消理論

◎「非自発的」な失業をなくせ

ケインズがとりわけ問題としたのが大量の失業者の発生でした。それは『雇用・利子・貨幣の一般理論』というタイトルにも端的に示されています。なによりも「雇用」をなんとかするために『一般理論』は書かれたのです。

なまけて職につかないとか、もっといい職を探して充電中だとかならともかく、すぐにでも働くつもりが満々なのに、どうして人は心ならずも（ケインズの用語では「非自発的」に）失業しなければならないのか。この問題を解明するのが『一般理論』の核心部分です。

失業とは、もちろん個々にはさまざまな事情によって起きるものですが、世の中全部をまとめてマクロの視点でみれば、次の３つの理由によって生じるものとケインズは考えました。

① **自発的失業**

② **摩擦的失業**

③ **非自発的失業**

①の自発的失業とは、言葉のとおり、自分からすすんで失業している状態です。なまけてというわけでは必ずしもなく、いまの賃金率（賃金水準）では自分の労働力を売らない選択をしている、ということです。

②の摩擦的失業は、これも言葉どおり、スムーズにものごとがすすまないために起きる失業です。要するに、会社をやめて職を探している人が、条件ぴったりの求人をすぐに見つけられるとは限らず、どうしても再就職まで時間がかかってしまうことから起きる失業状態をいっています。

③番めの非自発的失業というのが、「働きたいのに仕事がない」という、本来的な意味の失業です（なお、病気などで働けない人や、高齢でリタイアした人などは失業の中に入りませんので、最初から除いて考えます）。

①と②の失業は、いくら経済の調子がよくてもどうしても生じてしまうものなのですが、③の失業は違います。ケインズの考えでは、どうにかしてこの非自発的失業をなくすこと——「完全雇用」を実現すること——が経済学の役割なのです。

◎古典派のよりどころは「セイの法則」

古典派の理論のベースにあるのは「供給はそれ自身の需要を作り出す」という考え方でした。これはセイ（ジャン・バティスト・セイ　1767-1832）というフランスの経済学者がとなえたものです。簡単にいえば、「作った商品が売れ残っても（供給過剰＝需要不足）、その商品の値段が売り切れるまで下がるので、必ず売れ残りはなくなる」ということです。

この考え方を前提として論を展開する経済学者のことをケインズは『一般理論』の中で「古典派」と呼んだのでした。つまり、古典派の考えでは、商品の値段はすぐに上がったり下がったりするので、何かのはずみで需要と供給にギャップが生じても、すぐに価格が動いて均衡がもたらされる（売れ残ったものは、値段が下がって売り切れる）ということになります。

労働力を供給する労働市場でも同じことです。古典派の見方では、労働力が余って失業が生じている状態では、職を失った人は前よりも安い賃金を受け入れて新たな職を得ようとするし、失業していない人も、会社がつぶれたり首を切られたりするよりは賃金切下げに応じて職を失わないようにするはずです。

◎「古典派」の辞書に「非自発的失業」はない

いずれにせよ、安い賃金で人を雇えれば商品の生産コストが下がり、利幅が広がってもうかりやすくなります。そうなると人を増やしてでも増産すればますますもうかりますから、労働需要が増え、失業は解消されていく、というわけです。そうして、放っておいても必ず完全雇用は達成されるはずなので、「非自発的失業」というものは古典派の頭の中にありません。

しかし、ケインズは、その考え方に異をとなえました。放っておいても必ず完全雇用は達成されるどころか、何年たっても失業者が街にあふれている状況が、いつ終わるとも知れず続いているのはなんなんだ、と。

世界大恐慌で生じた失業は、アメリカにおいて1933年に25％近くにも達しました。翌年も翌々年も20％超の失業率が続き、ようやく一ケタ台に落ちたのは1941年のことです（9.9％…この年、アメリカは日本と太平洋戦争を始め、ヨーロッパの大戦にも正式に参戦。失業率の低下は戦争のおかげともいわれています）。ケインズが『一般理論』を刊行した1935年という年は、大恐慌ぼっ発から６年め、アメリカの失業率はなお20％を超えており、この不況は永久に終わらないのでは…という空気が巷《ちまた》にただよっていました。したがって古典派の評判というものは地に落ちていた時期なのでした。

★ケインズ理論と「ニューディール政策」★

ケインズがなにより気にしていたのが、経済学の現実的な効力、問題解決能力でした。いま・ここで起きている倒産や失業を救うことが大切なのです。

ケインズが『一般理論』の中で展開した理論は、経済現象を古典派とは違った発想と切り口で解き明かしたことも意義深いことですが、なによりも目の前で起きている失業・倒産状況をすぐにでも改善するにはどうすればいいかについての新しい政策論であり、現実に時の政府によって採り上げられたことが、経済学の歴史の中で画期的なできごとだったのです。それがアメリカのフランクリン・ルーズベルト大統領が実施した一連の大規模公共事業＝「ニュー・ディール政策」です。

景気は「有効需要」の大きさしだい

◎企業は値下げより供給減を選ぶ？

需要にくらべて供給が多く、商品が余ってしまっている状態が生ずると、価格が下落して需要量が増し、反対に供給量は減るので余った商品は売りつくされ、市場は均衡する、というのが古典派の理論でした。

これに対してケインズは、ものの価格というものは、そうすばやくは変化しない（とりわけ下がる方には動きにくい）と考えました。商品を供給する側は、価格を下げて需要を喚起しようとするよりは、商品の生産量を減らして供給超過に対応するものだ、というのです。企業が生産量を減らせば、当然、生産に必要な労働者の数も減ってしまいます。労働需要が減少し、働きたいと思っている人が働けないケースが増えます。

◎「下方硬直性」が価格メカニズムをさまたげる

あるいは、企業＝雇い主は、労働者の賃金を下げることができれば、商品の利益率が改善するので生産を減らさなくてもよくなり、雇用水準を維持することができるでしょう。

しかし、ここでも価格（労働の場合は賃金）が下に向かって動きにくい性質があらわれます（この性質を価格や賃金の「**下方硬直性**」と称しています）。

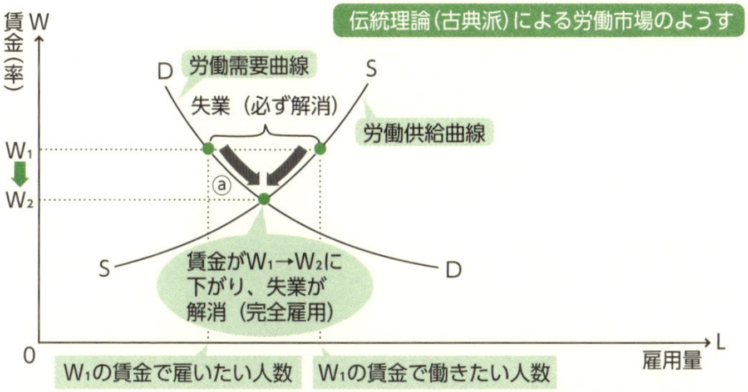

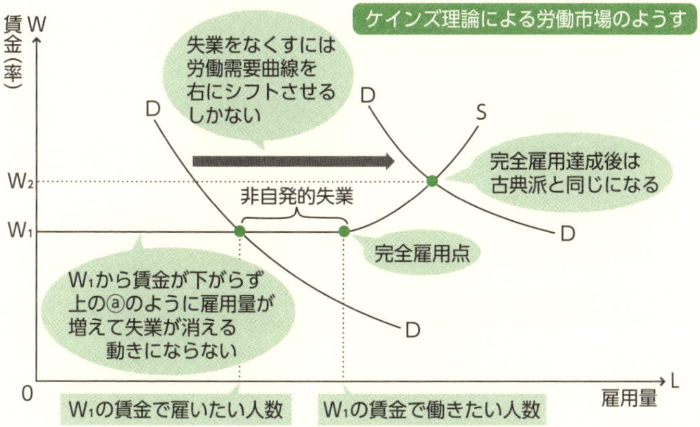

生産者は賃金を下げて雇用量を維持するよりは生産量を減らし、それゆえに雇用量を減らして会社の利益率を守ろうとする、というのがケインズの見立てです。市場のメカニズムに即していえば、労働市場で価格による調整機能がはたらかない、ということになります。

◎不況克服の特効薬は「有効需要」の増加

不況のために商品が売れず、多くの企業が「人減らし」を始めたら、ますます国全体の需要が減って不況が深まり、失業も増加します。それによってますます商品が売れず、企業は人減らしを……という下向きのスパイラルが生じてしまい、行き着いた先が大恐慌です。

いったいどうすればいいのか。古典派のようにただ静かに時を待つのではなく、なにを、どうすればこの不幸の渦を消すことができるのだろうか。

ケインズはこう考えました。

「国全体の有効需要が少なすぎるのが不況の元凶だ。だったら、増やしてやればいい」

◎「有効需要」が雇用量を左右する

ケインズが「**有効需要**」というときの「有効」とは、ただ「ほしいなあ…」と思っているだけでなく、現実にお金を出して買うつもりがあり、支払い能力も備わった需要、ということです。ほしいと思ってそれで終わりなら、景気の維持・回復の役には立たない「無効需要」です。

ケインズの考えでは、この「有効需要」がまずあり、その大きさに応じて供給が決まります。すなわち有効需要に応じて1国全体の生産水準が決まり、雇用の量も人々の所得（国民所得）も決まるということです（これに対して古典派は、まず供給があり、それが需要を引き出す——商品も労働力も値下がりOKならみんな売り切れる、と、供給優先の考え方でした)。

有効需要が少なくても、少ないなりの均衡が生じはするでしょう。しかし、それは生産数量を減らし、雇用量も減らして行きついた均衡です。その均衡のもとでは完全雇用は実現されず、「非自発的失業」が生じてしまうのです。

そうだとすれば、その減ってしまった生産量を、再び増やしてやればいいはず。増えた生産量をまかなうために労働力が必要になり、その労働需要の大きさが十分であれば完全雇用が回復されるはずです。

◎政府に求められる財政出動

減ってしまった生産量を再び増やしてやればいい、といっても、具体的に手を打たなければなにも起きません。ケインズは、ここで政府の役割を持ち出してきます。

といっても、政府が企業に指令を出すとか、お願いして歩くとかではありません。政府が自分でお金を使い、公共投資を行なうことで新規の需要(有効需要)を生み出すのです。これが政府による**財政政策**です(財政とは、政府が課税や国債発行で集めたお金を公共のために使う政策ということ)。

そして、政府が公共投資のお金を市場(商品市場)に投ずると、需要の増加は使った金額そのままではなく、その何倍かにふくらんで現れることになります。これを、「掛け算して(乗じて）何倍かになる」効果ということで「**乗数効果**」と呼んでいます。

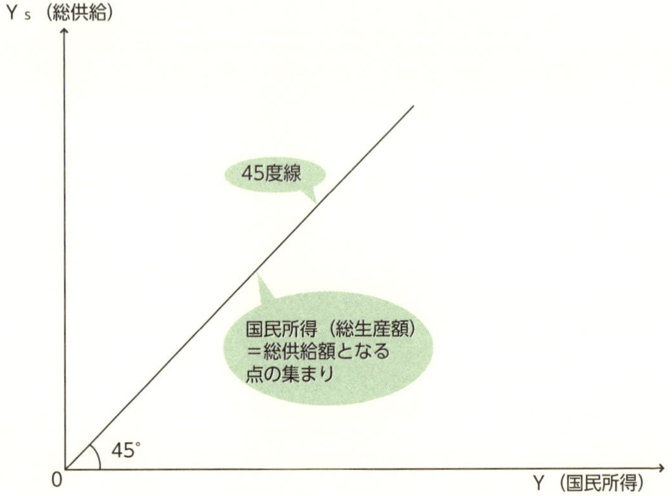

政府が商品市場にお金をつぎこんで需要を増加させ（＝公共投資）、その増加した需要が完全雇用を実現するだけの生産水準（供給量）を引き出し、新たな均衡を生ずるプロセスを、図によって表すことができます。さっきの「乗数効果」もそこに現れてきますので、見てみることにしましょう。

上の図に、45度線が引かれています。この線の意味は、横軸のY（国民所得）＝縦軸のY_S（総供給）となる点をつないだもの、ということ。「Y」の字は英語のYield（イールド＝産出）の頭文字、Y_Sの「s」はsupply（サプライ＝供給）の頭文字です。

この「国民所得」(横軸) は、131ページで出てきたGDP (国内総生産) のことと考えて差しつかえありません。生み出された付加価値の総計であるGDPがGDI (国内総所得) と同じものだということは、もう了解事項ですね。そして、生産されたものはすべて供給されるのですから、GDP＝Y_S (総供給) も間違いのないところです (現実には生産したものを全量出荷せず、倉庫にとりおくこともなくはないのでしょうが、理論モデルは単純化が命なので考えないことにします)。

つまり、この45度線は、国民所得と総供給の関係を表しているのですが、2つは同じものなので、どの水準をとっても数字が一致する45度線になるというわけです。

◎総需要＝総供給で国民所得が決定

さて、総供給を表す線を引きましたから、次は国民所得と総需要 (その国の有効需要の総計) の関係を表す線がどうなるかです。総需要＝総供給となる均衡点で国民所得が決定されるというのが、ケインズ流の「**国民所得の決定メカニズム**」です。

需要というものの中身を考えてみると、まず**消費**(記号はC：Consumptionの頭文字)、そして**投資** (I：Investmentの頭文字) があげられます。総需要は消費と投資とを足し合わせたもので、

$$Y_d = C + I$$

〔Y_dの「d」はdemand (ディマンド＝需要) の頭文字〕

…としておきます（いまのところは）。

ここで、消費Ｃは、

$$C = a + bY$$

と表せるものとします（**ケインズ型消費関数**）。

Ｙはずっと出てきているのと同じ国民所得です。ａとｂは、ある意味をもった定数（固定して動かない数）です。

ａの方は、「**基礎消費**」を表します。これは、たとえ所得（国民所得）Ｙがゼロになってもなくすことはできないサバイバル消費（水や最低限の食料など）です。

一方、ｂはというと、所得Ｙが増えたり減ったりするのに連動して消費Ｃも増えたり減ったりするはずのところ、Ｙが１増えたらＣはいくら増えるかの関係を表す係数です。

普通なら、所得が１増えたとき、消費もそのまま１増やすようなことはせず、ある程度は使わずに貯めておくでしょう（これが「**貯蓄**」です）。仮に、この国の国民は、所得が１増えたら消費は0.6だけ増やすことがわかっているとします（この0.6を「**限界消費性向《せいこう》**」と呼びます。「限界」とは１単位だけ所得が増えたら消費がどれだけ増えるか、という意味）。

そして、基礎消費は50という数値だとします。そうすると消費関数は、次のようになります。

$$C = 50 + 0.6Y$$

次に総需要を構成するもうひとつの要素＝投資ですが、これについては、ここでのモデルをややこしくしすぎないように、あらかじめ決まっている一定量としておきます。

本当は、投資の数量は金融市場（貨幣市場）において利子率との関係で決まる変数なのですが（利子率が下がるほどお金を借りて事業を拡大する人が増えて投資が増える関係）、いまは商品市場に限った話なので、ごっちゃにするとまずいのです。ちなみに、投資といっても株を買ったりすることではなく（それは消費のうち）、事業拡大に使うお金のことなので要注意。

そういうわけで、投資Ｉは一定とし、消費Ｃは所得Ｙの大きさによって決まる変数として、総需要Ｃ＋Ｉをグラフのなかに描き入れてみましょう。

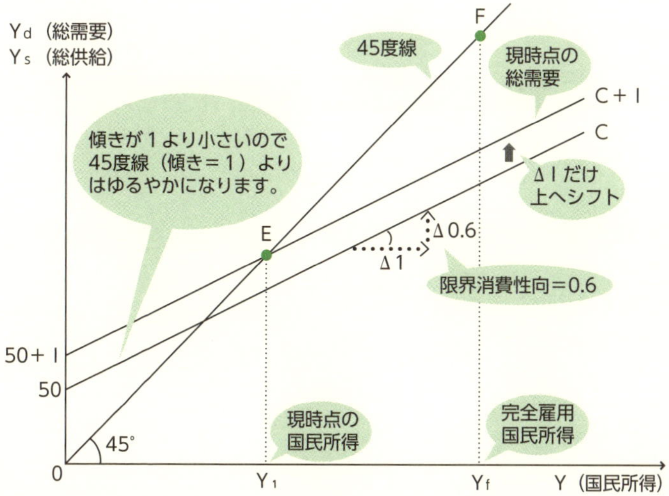

◎政府の財政支出＝Gを追加する

総供給を表す45度線と、総需要を表すC＋I線が、点Eで交わっています。そうすると、この点Eに対応する国民所得Y_1が、現在の総需要の水準における均衡国民所得ということになります。

そして、この国で完全雇用を達成するに足りる国民所得（＝総生産額）がY_fだとすると、Y_1とY_fの差だけ生産が足りないことがわかります。この足りないぶんを、政府の財政支出（G：Governmentの頭文字で表記）によっておぎなってやればいい、というのがケインズが説いた経済政策です。

このとき、Y_1とY_fの差額をまるごと出さなければならないわけではありません。それが「乗数効果」のおかげなのです。

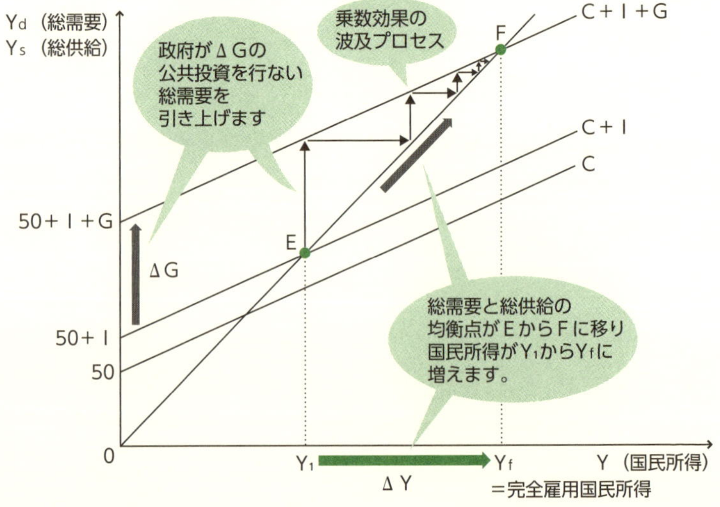

「乗数」の効き目のほどは？

◎乗数効果は無限回数の波及効果

乗数効果は、前ページのグラフで、縦軸上方にΔＧの公共投資を行なって総需要を引き上げた額と、それによって生じた横軸右方への国民所得の増加額ΔＹの大きさの差となって表れています。一見して国民所得の増加の方が大きいですね。

これは、最初に投じたΔＧという政府の公共投資（すなわち商品市場でのいろいろな商品の消費）が、それ一回きりでは終わらず、次々に新たな消費に波及していくからです。

たとえば政府が出資して建物を建てたとすると、仕事を請け負った建設会社はその仕事で所得を得ます。そして、所得１の増加に対して限界消費性向（ここでの設定は0.6）の割合で自分自身の消費を行ないます。それでまた次の誰かが所得を得て、同じように自分の消費を行ないます。そしてまた……という具合に、理論的には無限回数の波及効果が生じるのです。

◎乗数効果は限定つき

乗数効果は限界消費性向が小さい（逆にいうと貯蓄性向が大きい）ときには効き目がうすいという性質があります（次ページ参照）。割合的にたくさん消費する体質の国民の方が、波の効果をあまり減らさないで次につないでいくというわけです。

★「乗数」の値の求め方は？★

政府がＧ億円の公共投資をしたとし、限界消費性向をｂ（ただし０＜ｂ＜１）とすると、

$$\Delta Y = \Delta G + b\Delta G + b^2\Delta G + b^3\Delta G + \cdots \text{（無限のかなた）}$$

最初の政府支出

次々に「かけるｂ」分の波及効果が生じます

この両辺にｂをかけます。

$$b\Delta Y = b\Delta G + b^2\Delta G + b^3\Delta G + \cdots \text{（無限のかなた）}$$

両辺を引き算すると、右辺のあらかたが消えます。

$$(1-b)\Delta Y = \Delta G \quad \cdots\blacktriangleright \quad \Delta Y = \frac{1}{1-b} \times \Delta G$$

……となって、当初のＧ億円の公共投資が $\frac{1}{1-b} \times G$ 億円の消費額の増加、すなわち有効需要の増加を生むことになります。ここでの設定では $b = 0.6$ でしたから、

$$\frac{1}{1-b} = \frac{1}{0.4} = 2.5$$

つまり、政府が公共事業に投じた額の２．５倍の需要増をもたらす計算です。ｂ（限界消費性向）の値が大きいほど分母が小さくなって、乗数効果は大きくなることがわかります。

★人々の「流動性選好」が失業につながる★

ケインズの国民所得決定理論には、商品市場のほかに貨幣市場（金融市場）も出てきます。金融市場での利子率の変動が商品市場で投資量を動かし、それによって総需要の量も変えるのです（利子率が下がれば、お金を借りて行なう投資が増え、逆の場合には減ります）。

この利子率の決定に大きな影響を与えるのが、人々の「流動性選好」です。「流動性」とは、要するに貨幣（現金）のことで、すぐに使える性質をさして使っている言葉です。利子を生ずる債券を買えばもうかるのに、人々は急な出費などのために余ったお金を利子のつかない現金のまま（あるいは普通預金のように利息がゼロに等しいかたちで）持っていたがるのです。

この「流動性選好」のために金融市場にお金が回っていかず、供給不足で利子率が下がらない、ということが起こります。それがひいては投資の量を減らし、総需要不足から失業を生ずることになるわけです。

なお、タンス預金はわかるけど、銀行へ預金するのなら金融市場へ貨幣を供給したことになるのでは、という点は、銀行の貸し渋りが常態化しているのであれば、銀行預金もタンス預金もかわりがないということです。

古典派からの反論

◎「短期」と「長期」が違うだけ

大恐慌の現実に対してなすすべのない古典派の理論を、ケインズは誤っていて役に立たないものだと非難しました。

しかし、古典派も黙ってはいません。その反論はこうです。ケインズが正しく古典派が誤りなのではなく、それぞれ扱う期間が違うのだ（「**短期**」と「**長期**」）。ケインズは短期の経済現象について説明しているだけのことだ——。

◎価格メカニズムがきくなら「長期」

「短期」とは、需要と供給のギャップに応じて商品の価格が上下しないうち、という意味です。「長期」とは、価格が動いて需要と供給が均衡するまで、ということです。何日以上が長期で、それ未満は短期という区分ではありません。

古典派の描く経済社会のようすは、価格が上下して市場が均衡するだけの時間的余裕がある「長期」の世界なのです（長期モデル）。これに対して、大不況によって大量の失業が生じた状態を対象としたケインズの理論は、価格メカニズムが効かない「短期」の世界を分析したものということになります。

大恐慌のような緊急時にはケインズ的な政府の介入（財政出動、金融緩和、社会保障の拡充）もしかたないが、それは「短期」に限った話。「長期」には不要で、無効で、有害ですらある。よけいな介入や規制こそ経済の活力を失わせ、停滞と不況をもらたす。経済の調和と発展は、あくまで自由で自律的な市場取引きによるべきことに誤りはなし！…が古典派の信念です。

「短期」限定でしかたなく適用されるべきケインズ政策が、ともすれば止まらない公費のたれ流し、無意味な規制の積み重ねにつながることを古典派は指摘します。近ごろ日本を席巻した「構造改革」路線も、古典派流の現状認識に沿ったものでした。

◎古典派とケインズとをつないだ「新古典派総合」

アメリカの**サミュエルソン**という経済学者は、この古典派（新古典派）経済学とケインズ経済学とを接ぎ木して、不況期にはケインズ、好況期には古典派でいけばいいじゃないか、という考え方をとりました。それぞれ役割に応じた出番というものがある、ということです。70年代に入ったころまでは、みんな「そりゃいい」と大賛成で、「**新古典派総合**」という呼び名も献上されたのです。

ポール・サミュエルソン
1915～2009

「反ケインズ革命」のてんまつは?

◎石油危機で「スタグフレーション」が発生

第二次大戦後しばらくの間、アメリカは世界一の国力を背景にゴールデンエイジを謳歌していました。そのアメリカを盟主とする資本主義各国もおおむね好況を維持しています(日本などは1ドル360円の超円安固定レートでアメリカ相手に売りまくり、奇跡の高成長をはたしました)。

影がさしたのは1973年のことです。中東戦争によるオイルショックによって、**スタグフレーション**と呼ばれる前代未聞の経済現象が世界中で生じたのです。それは不況とインフレーション(物価高)が同時におきるというやっかいなしろものでした。

◎ケインズ経済学は役に立たない…?

ケインズ式の経済政策では、この事態に対処できませんでした。不況対策で財政出動をかけても、金融緩和をしても、インフレーションが悪化するばかりです。

1929年からの大恐慌時には、「古典派の経済学は役に立たない」と非難の声をあげつつケインズが壇上に登ったのでした。そしていま、まさに古典派の反攻のときが訪れたのです。

市場の力を敬い、規制のない自由こそ社会に最大の福利をもたらすものと信じ、政府の市場への介入を嫌悪する経済学者た

ミルトン・フリードマン
1912〜2006

ちが、いっせいに声をあげました。

「ケインズ経済学は役に立たない！」——

これが「反ケインズ革命」と呼ばれるできごとです。

◎徹底した政府不信

とりわけ有力な論客として脚光をあびたのがフリードマンでした。シカゴ大学を拠点とし、古典派の流れをくむ自由市場主義の立場から、政府による積極介入政策を激しく批判しました。

フリードマンは、政府による裁量的な（つまりルールにもとづかず好き勝手に決める）財政政策（公共投資）には効果はない、と切り捨てます。よけいなことをするから、人々の「期待インフレ率」（何％くらい物価が上がるかの予測）が高まって本当にインフレが起こり、たとえ財政政策で需要を伸ばしたところで、生じたインフレが帳消しにしてしまう、というのです

（これがフリードマン流のスタグフレーションの理由づけで、元をただせばケインズが悪い……ということになります）。

また、人々はたまたまの公共投資で得られたような一時的な所得は使わずにとっておく傾向があるので（将来にわたって定期的に入ってくるとわかっている所得しか安心して使わないとする「**恒常所得仮説**」）、ケインズがいうような乗数効果は期待するほど生じない、ともいっています。

◎「マネタリスト」は市場のみを信ずる

フリードマンによれば、政府がやって役に立つのは世の中に回っている通貨の流通量（マネーサプライ）を管理することだけです（不況時には増やし、景気加熱時には減らす）。しかし場当たり的にやれば、どのみち遅れをとったり、やるべきことと逆をやるので（1929年からの世界大恐慌は、当局が不況期に金融引締めをやらかしたから生じたというのが彼の説です）、予想経済成長率に合わせて前もって決めた率どおりに通貨供給量を増やしていきなさい（**k％ルール**）…と説いています。

このように、ケインズ流の財政政策（総需要管理政策）を否定し、通貨（マネー）の流通管理を重視することから、フリードマンを大御所とする派閥を「**マネタリスト**」と呼ぶのですが、政府の介入（とくに役人による裁量的政策）を嫌い、自由な市場に信頼をおく姿勢は徹底したものです。それゆえに彼らをさして「**新しい古典派**」（ニュー・クラシカル）とも称します（ちなみに、かつての「新古典派」はネオ・クラシカル）。

◎いまに至るも市場主義とケインズ主義のせめぎあい…

フリードマンによる少々過激な自由市場主義（「**小さな政府**」論）は、80年代以降、アメリカではレーガン政権、イギリスではサッチャー政権にとりあげられ、公共支出の削減、規制緩和、公営企業の民営化といった一連の「**新自由主義（ネオ・リベラリズム）**」的政策として実現されていきました。

日本でも、このころ旧国鉄や旧電電公社がJR各社やNTT各社に衣替えしています。2000年代に入っても、小泉首相が主導し「小泉改革」の名を冠した構造改革路線によって、郵便局の民営化や派遣《はけん》労働の規制緩和などが続けられました。

この間、社会主義国が続々と資本主義化したこともあり、すっかり市場原理主義に染まったアメリカが、あげくに起こした不祥事が2008年末のリーマン・ショック（サブプライムローンの破綻に端を発する世界的な金融不安と同時不況）です。

事件の収拾のために、アメリカをはじめとする各国政府は、こぞってケインズ的な財政・金融政策を打ちました。それなりの効果をあげ、1929年大恐慌なみの悲惨さは回避されたとひと息ついたとき、出てきた言葉が「ケインズの復権」です。

「反ケインズ革命」以後は長らく「効果なし」の烙印《らくいん》を押されスミに追いやられていたケインズだったのですが、生きていれば持ち前の辛らつな表現で名言をはいたことでしょう。

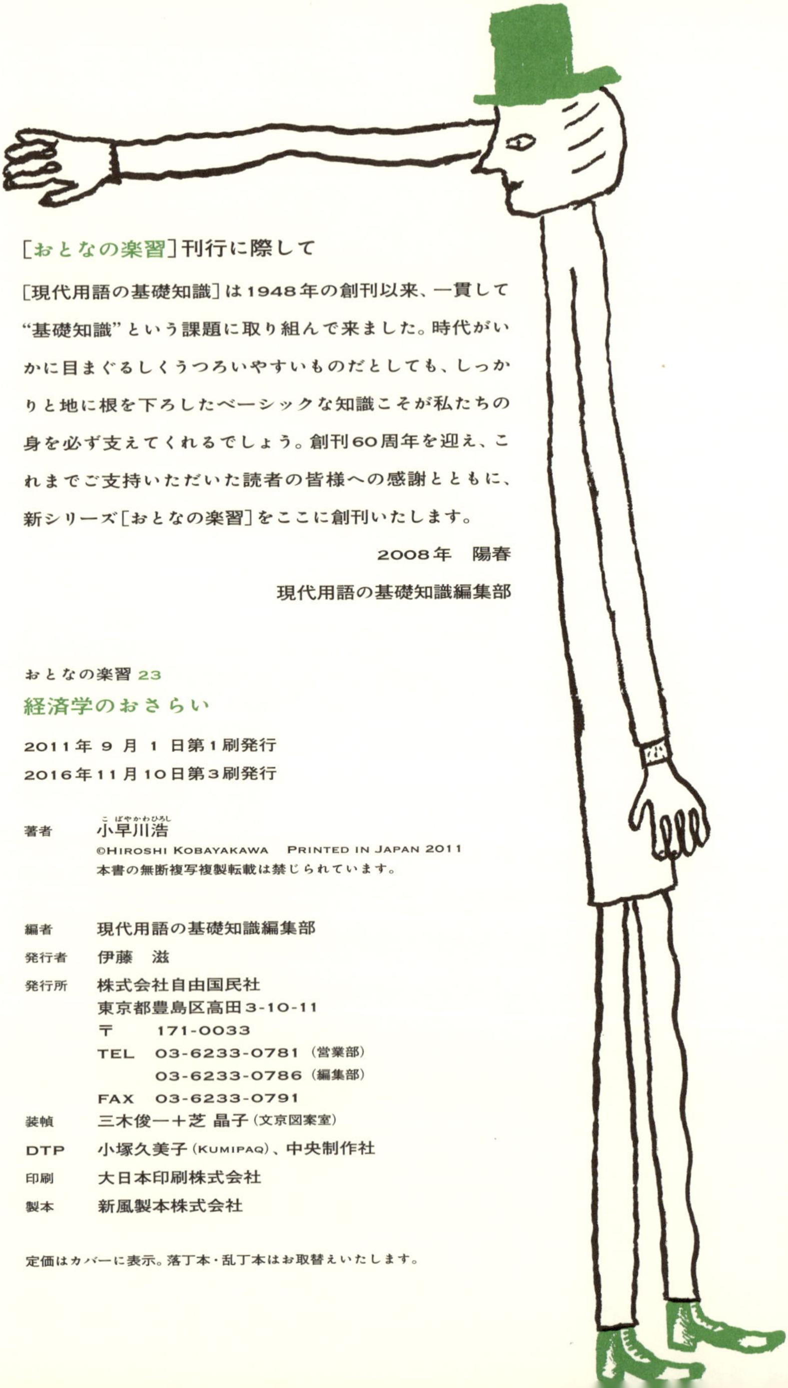

[おとなの楽習]刊行に際して

[現代用語の基礎知識]は1948年の創刊以来、一貫して"基礎知識"という課題に取り組んで来ました。時代がいかに目まぐるしくうつろいやすいものだとしても、しっかりと地に根を下ろしたベーシックな知識こそが私たちの身を必ず支えてくれるでしょう。創刊60周年を迎え、これまでご支持いただいた読者の皆様への感謝とともに、新シリーズ[おとなの楽習]をここに創刊いたします。

2008年　陽春

現代用語の基礎知識編集部

おとなの楽習 23

経済学のおさらい

2011年 9 月 1 日第1刷発行
2016年11月10日第3刷発行

著者　小《こ》早《ばや》川《かわ》浩《ひろし》

編者　現代用語の基礎知識編集部
発行者　伊藤　滋
発行所　株式会社自由国民社
東京都豊島区高田3-10-11
〒　171-0033
TEL　03-6233-0781（営業部）
03-6233-0786（編集部）
FAX　03-6233-0791
装幀　三木俊一＋芝 晶子（文京図案室）
DTP　小塚久美子（KUMIPAQ）、中央制作社
印刷　大日本印刷株式会社
製本　新風製本株式会社

定価はカバーに表示。落丁本・乱丁本はお取替えいたします。